Risk Prevention & Control of
Clean Governance of
Construction Company

# 施工企业
# 廉政风险防控
## 教育读本

中铁隧道局集团◎主编

中国工人出版社

依纪依法履职
守住纪律红线

# 前言

党的十九大以来，在党中央的坚强领导下，各级党组织贯彻落实新时代党的建设总要求，坚持把党的政治建设摆在首位，深化运用监督执纪“四种形态”，夺取反腐败斗争压倒性胜利，着力惩治群众身边的腐败问题，完善党和国家监督体系，取得了新的重大成果，为实现党和国家事业新发展提供了坚强保障。习近平总书记在中央纪委十九届三次全会上强调，要以新时代中国特色社会主义思想为指导，增强“四个意识”、坚定“四个自信”、做到“两个维护”，以党的政治建设为统领继续全面推进党的建设，聚焦党的十八大以来着力查处的重点对象，紧盯事关发展全局和国家安全的重大工程、重点领域、关键岗位，加大金融领域反腐力度，取得全面从严治党更大战略性成果，巩固发展反腐败斗争压倒性胜利，一体推进不敢腐、不能腐、不想腐，健全党和国家监督体系，确保党的十九大精神和党中央重大决策部署坚决贯彻落实到位。赵乐际书记在中央纪委十九届三次全会讲话中要求，各级党组织、纪检监察组织要把思想和行动统一到习近平总书记重要讲话精神上来，以习近平新时代中国特色社会主义思想为指导，主动担当作为，敢于斗争、善于斗争，不松劲、不停歇，以永远在路上的坚韧和执着认真履职尽责，扎实推进全面从严治党，巩固发展反腐败斗争压倒性胜利。

近年来，中铁隧道局党委深入学习贯彻党的十八大、十九大精神和习近平新时代中国特色社会主义思想，落实全面从严治党要求，坚定不移推进企业党风廉政建设和反腐败工作，为助推企业高质量高效益发展提供了有力保障。集团公司新签合同额以每年 100 亿—200 亿的速度递增，2017 年首次突破 800 亿元大关，2018 年新签合同额完成 821 亿元，企业保持了持续健康发展的良好态势。

为深入贯彻落实全面从严治党要求，规范企业内部管理行为，监督约束权力运行，有效防控违规违纪行为发生，助力打造企业高质量发展排头兵，中铁隧道局纪委认真梳理分析近年来股份公司、集团公司监督检查中发现的典型案例，辨识、评价企业经营、物资、设备、成本、财务管理、国内外项目等关键环节易发的廉政风险源，并制定出有针对性的防控措施，编制形成了《施工企业廉政风险防控教育读本》，旨在引导各级纪检监察组织建立健全廉政风险防控体系，理顺监督机制，形成监督合力，切实加强对领导人员的监督管理，督促广大党员干部认真履行党风廉政建设“一岗双责”，强化廉洁警示教育，筑牢拒腐防变思想防线，始终做到廉洁自律、廉洁从业，倡树企业正气。

中铁隧道局集团有限公司党委书记、董事长 

2019 年 2 月 19 日

# 目录

# 第一章

# 企业管理风险及廉政风险源

## 一、企业管理风险概述

《辞海》对“风险”一词的定义为：人们在生产建设和日常生活中遭遇导致人身伤亡、财产受损及经济损失的自然灾害、意外事故及其他不测事件的可能性。

《职业健康安全管理体系要求》（GB/T 28001—2011）对“风险”的解释为：发生危险事件或有害暴露的可能性，与随之引发的人身伤害或健康损害的严重性的组合。

管理风险是指生产目的与劳动成果之间的不确定性，大致有两层含义：一层是强调风险表现为收益不确定性；另一层则是强调风险表现为成本或代价的不确定性。

廉政风险是实施公共权力的主体产生或发生滥用公共权力谋取私利的可能性，主要是指因教育、制度、监督、惩处不到位和党员干部不能廉洁自律而产生不廉洁行为的风险。企业廉政风险属于企业管理风险的范畴。

本书根据《企业内部控制基本规范》（财会〔2008〕7号）和《项目管理责任矩阵》，对企业经营生产中18个管理过程（包括但不限于）的部分风险进行了辨识、评价，对可能存在的廉政风险源进行了重点提示。①

### 1. 投标管理

竞争对手、价格波动等风险。如：在竞争过程中存在恶性竞争等；在

① 注：管理风险根据《企业内部控制基本规范》辨识；18个管理过程根据《项目管理责任矩阵》辨识。

价格波动中，存在环境治理和基础能源、原材料及土地、运输费用价格上涨、成本上升，影响合同谈判以及相关方的利益往来等。

**2. 前期策划**

项目管理、投资管理、体系建设、资源保证等风险。如：在项目管理中，存在任务划分的“内部公关”等；在投资管理中，存在筹、融资双方个人利益分成，影响融资合同条款的公正性等；在体系建设中，存在未执行不相容岗位分离、流程审批环节不合理等；在资源保证中，存在人、财、物、机等资源配置的以权谋私、商业贿赂等。

**3. 组织管理**

法人治理、流程管理、组织结构等风险。如：在法人治理中，存在职务消费不合理、过度投资耗费资产、决策体系不制衡等；在流程管理中，存在流程接口不清晰或缺失等；在组织结构设置中，存在权力过于集中在少数部门、职能错位等。

**4. 技术管理**

技术研发、技术保密等风险。如：在技术研发中，存在虚列、挪用研发经费支出等；在技术保密中，存在疏于技术保护或私自交易，导致技术流失等。

**5. 生产管理**

运行控制、生产服务能力、产品等风险。如：在运行控制中，存在虚报新签合同额、营业额、财务数据等；在生产服务能力中，存在规模和资源配置不协调，引入社会资源时有利益输送等；在产品中，存在产品质量缺陷或未满足业主要求，需要向客户“公关”等。

**6. 安全质量管理**

施工安全与质量等风险。如：在施工安全与质量中，处理安全质量事件引发的商业贿赂等。

**7. 合同管理**

市场供求等风险。如：在市场供求中，存在利益输送，造成供应商选择不客观等。

**8. 分包管理**

外部劳务使用、资源保证等风险。如：在外部劳务使用中，存在以权谋私、与劳务队伍利益输送等；在资源保证中，因获私利，不按要求验收等。

**9. 成本管理**

业务合作伙伴、预算管理等风险。如：在业务合作伙伴中，存在利益输送，导致资源选择不公平、不透明等；在预算管理中，编造相关数据而满足相关方要求等。

**10. 物资管理**

采购管理、市场供求、债务支付、存货等风险。如：在采购管理、市场供求、债务支付、存货中，存在以权谋私、利益输送等。

**11. 机械设备管理**

采购管理、市场供求、债务支付等风险。如：在采购管理、市场供求、债务支付中，存在以权谋私、利益输送等。

**12. 财务管理**

预算、担保、筹融资、资产安全等风险。如：在预算中，存在预算不公正、“内部公关”等；在担保中，存在利益输送等；在筹融资中，存在筹融资双方个人利益分成等；在资产安全中，存在公款私存、挪用公款等。

**13. 综合事务管理**

法律事务、资源供应等风险。如：在法律事务中，存在与相关方“公关”、社会资源产权方或起诉方与被起诉方利益输送等；在资源供应中，存在商业贿赂、以次充好等。

**14. 项目控制**

审计、成本控制等风险。如：在审计中，存在内、外部审计“公关”等；在成本控制中，存在资源配置不协调、施工方案未动态调整等。

**15. 人力资源**

干部选拔任用、职业健康、培训、考核奖励等风险。如：在干部选拔任用中，存在任人唯亲、带病提拔等；在职业健康中，存在劳保用品采购过程中吃回扣、以次充好等；在培训中，存在编造培训资料、虚列培训费用等；在考核奖励中，存在滥发奖金、考核机制不公平等。

**16. 信息化管理**

系统集成、信息安全等风险。如：在系统集成中，存在利益输送导致系统软件之间相互不兼容等；在信息安全中，存在买卖信息、泄露商业机密等。

**17. 收尾管理**

资产安全等风险。如：在资产安全中，存在变卖、占用资产等。

**18. 交付后管理**

客户关系、产品质量等风险。如：在客户关系中，存在虚报费用等；在产品质量中，存在质量缺陷或未完全达到设计要求，需要“公关”等。

以上 18 项企业管理风险中需重点关注的是：

**1. 项目管理风险**

因不遵守法律法规、规范和标准，盲目追赶进度，控制措施落实不到位，监督系统失效等原因，导致职业健康安全、质量和环境管理事故和事件，造成经济、声誉损失，甚至危及企业生存。

**2. 生产能力风险**

因企业规模快速发展，在人力资源、设备资源、财务资源等方面出现紧缺，导致企业履约能力、项目盈利能力、生产效能降低，管理风险进一步加大，造成法律纠纷、经济损失、声誉损失，甚至危及企业生存。

### 3. 投资管理风险

因国家投资政策不确定性，投资项目运作模式多样性，增加了企业管控风险，加上投资与筹资在资金数量、期限、成本与收益上不匹配，忽略资产结构与流动性的关系，企业投资活动缺乏有效的风险评估，导致企业投资决策失误概率增大，造成法律纠纷、经济损失、声誉损失，甚至危及企业生存。

### 4. 经营管理风险

因受国家政策、投资规模、企业营销策略等因素影响，企业每年的新签合同额极不平衡，造成企业资源不能充分利用，导致企业合同履约能力、总体盈利水平及管理风险加大，企业经营生产管理效能降低，造成部分资源浪费，甚至危及企业生存。

## 二、企业管理过程中存在的廉政风险源

企业廉政风险涉及但不限于投标、前期策划、组织管理、技术管理、生产管理、安全质量管理、合同管理、分包管理、成本管理、物资管理、机械设备管理、财务管理、综合事务管理、项目控制、人力资源、信息化管理、收尾管理、交付后管理 18 个管理过程共 112 项管理风险源。具体廉政风险源见下表：

表 1　企业管理廉政风险源清单

| 序号 | 工作职能 | 编号 | 工作事项 | 管理风险源 | 廉政风险示例 |
|---|---|---|---|---|---|
| 1 | 投标 | 1 | 标前调查 | 标前调查不到位 | 失职渎职、利益输送 |
| | | 2 | 投标评审（项目风险评估） | 对项目风险评估不足；投标评审流于形式、质量不高 | 失职渎职 |

续 表

| 序号 | 工作职能 | 编号 | 工作事项 | 管理风险源 | 廉政风险示例 |
|---|---|---|---|---|---|
| 1 | 投标 | 3 | 合同评审 | 部分评审人员不履责 | 失职渎职 |
| | | 4 | 合同签订 | 合同签订程序不合规 | 利益输送 |
| | | 5 | 项目投标总结 | 投标主责人员总结不到位，编造虚假总结 | 失职渎职 |
| 2 | 前期策划 | 6 | 营销交底 | 关键营销信息交底不到位 | 失职渎职 |
| | | 7 | 施工调查 | 少数部门调查不到位 | 失职渎职 |
| | | 8 | 管理交底 | 未结合现场进行专项交底 | 失职渎职 |
| | | 9 | 项目产品清单 | 部分产品清单漏项 | 失职渎职 |
| | | 10 | 项目管理责任矩阵 | 责任矩阵不合理 | 未设置不相容岗位、利益输送 |
| | | 11 | 实施性施工组织设计 | 管理层级多、工序不合理、未动态修订 | 产生安全质量事件、失职渎职 |
| | | 12 | 项目管理策划 | 项目策划没有动态修订 | 失职渎职 |
| 3 | 组织管理 | 13 | 施工任务划分 | 任务分配不科学、不合理 | 内部公关 |
| | | 14 | 项目机构设置 | 机构设置层级多、不合理 | 未设置不相容岗位、机构不健全 |
| | | 15 | 项目经理部组建 | 人员结构不合理、专业协同差 | 相互监督不到位、专业协同“公关” |
| | | 16 | 经济承包责任书 | 测算结果不准确、存在人为因素 | 内部公关、人为因素 |
| | | 17 | 项目绩效考核评价 | 考核指标不接地气、存在人为因素 | 内部公关、人为因素 |
| | | 18 | 项目营地建设 | 标准过高、超标准建设 | 与分包方利益输送 |

续 表

| 序号 | 工作职能 | 编号 | 工作事项 | 管理风险源 | 廉政风险示例 |
|---|---|---|---|---|---|
| 4 | 技术管理 | 19 | 技术方案和技术交底 | 方案编制未结合项目实际、技术交底未动态管理 | 失职造成项目亏损 |
| | | 20 | 与施工技术方案相关的安全/质量/环保/临电/设备/物资技术 | 专业协同存在漏洞或矛盾 | 被分包方利用，产生纠纷造成项目受损 |
| | | 21 | 工程设计变更 | 变更时机滞后 | 商业贿赂，效益流失 |
| | | 22 | 标准规范 | 识别、传递不到位 | 因工作失误，产生安全质量等管理事件 |
| | | 23 | 测量、量测 | 相关数据造假、商业贿赂 | 利益输送 |
| | | 24 | 试验、检测 | 相关数据造假、商业贿赂 | 商业贿赂 |
| | | 25 | 科研、节能减排 | 科研成果无推广价值、违规排放 | 学术造假、违规排放后的“公关” |
| | | 26 | 四新技术推广应用 | 未结合项目特点推广 | 商业贿赂 |
| | | 27 | 技术资料 | 编造虚假资料 | 产生安全质量事件 |
| 5 | 生产管理 | 28 | 施工组织 | 不按程序施工 | 增加成本 |
| | | 29 | 施工进度 | 未结合项目特点安排施工 | 增加成本 |
| | | 30 | 工程信息 | 编造虚假工程信息 | 影响决策、产生安全质量事件 |
| | | 31 | 生产加工厂 | 布局、工序安排不合理 | 增加成本、产生安全质量事件 |

续　表

| 序号 | 工作职能 | 编号 | 工作事项 | 管理风险源 | 廉政风险示例 |
|---|---|---|---|---|---|
| 5 | 生产管理 | 32 | 资源配置 | 未按方案配置 | 增加成本 |
| | | 33 | 不合格品处置 | 不合规、不合理处置 | 商业贿赂 |
| | | 34 | 现场生产作业过程控制 | 程序复杂、专业分工不合理 | 增加成本、产生安全质量事件 |
| 6 | 安全质量管理 | 35 | 安全质量环境监督管理体系 | 程序复杂、不符合实际 | 监督履职不到位、内部公关 |
| | | 36 | 职业健康安全监督 | 工作环境不合规、劳保用品质量不达标 | 监督履职不到位、商业贿赂 |
| | | 37 | 质量监督 | 不按程序，编造虚假监督信息 | 监督履职不到位、商业贿赂 |
| | | 38 | 环境监督 | 不按标准监督、简化监督程序 | 监督履职不到位、商业贿赂 |
| | | 39 | 应急救援体系 | 不结合实际，编造虚假资料 | 失职渎职、产生安全质量事件 |
| | | 40 | 安全质量环境事故调查处理 | 隐瞒事故、调查不认真、处理不严肃 | 失职渎职 |
| 7 | 合同管理 | 41 | 合同文本 | 合同文本不规范、部分条款不合理 | 利益输送 |
| | | 42 | 合同审批 | 合同审批环节多、周期长 | 商业贿赂、失职渎职 |
| | | 43 | 合同变更 | 变更时机滞后 | 商业贿赂、失职渎职 |
| | | 44 | 合同履约评价 | 评价不客观、存在人为因素 | 人情评价 |
| | | 45 | 合同清结算 | 虚结、多结 | 商业贿赂 |

续 表

| 序号 | 工作职能 | 编号 | 工作事项 | 管理风险源 | 廉政风险示例 |
|---|---|---|---|---|---|
| 8 | 分包管理 | 46 | 分包模式 | 不合规、不合理 | 商业贿赂 |
| | | 47 | 劳务队伍准入、考评 | 存在人为因素、不客观 | 人情评价 |
| | | 48 | 专业分包队伍准入、考评 | 存在人为因素、不客观 | 人情评价 |
| | | 49 | 限价、合同、决算审批 | 部分限价不合理、合同不规范、决算审批周期长 | 商业贿赂 |
| 9 | 成本管理 | 50 | 责任成本预算、审批、下达 | 预算不合理，审批、下达不及时 | 人情预算 |
| | | 51 | 责任成本分解 | 覆盖不全面、分解不合理 | 失职渎职 |
| | | 52 | 责任成本统计与分析 | 编造虚假数据，分析不到位 | 失职渎职、商业贿赂 |
| | | 53 | 责任成本检查与预警 | 检查不深入、预警整改不及时 | 内部公关 |
| | | 54 | 工程项目管理费用 | 计划不合理、费用控制不严格 | 失职渎职 |
| | | 55 | 合同价款分劈 | 存在人为因素、不合理 | 人情分劈 |
| | | 56 | 工程计价 | 计价滞后 | 商业贿赂 |
| | | 57 | 工程设计变更 | 变更时机滞后 | 商业贿赂、失职渎职 |
| | | 58 | 索赔 | 变更时机滞后 | 商业贿赂、失职渎职 |
| 10 | 物资管理 | 59 | 物资限价、集中采购、核算（含合同监控） | 限价不合理 | 商业贿赂 |
| | | 60 | 物资配送 | 不按要求验收 | 商业贿赂 |

续　表

| 序号 | 工作职能 | 编号 | 工作事项 | 管理风险源 | 廉政风险示例 |
|---|---|---|---|---|---|
| 10 | 物资管理 | 61 | 供应商 | 编造虚假资料 | 商业贿赂 |
| | | 62 | 危险物资 | 不按要求验收 | 商业贿赂 |
| | | 63 | 周转料 | 不按要求验收 | 商业贿赂 |
| | | 64 | 剩余和废旧物资 | 处理不合规、截留处理款 | 私设“小金库” |
| 11 | 机械设备管理 | 65 | 机械设备（含机具）限价、集中采购、租赁、核算（含合同监控） | 限价不合理、核算不客观 | 商业贿赂 |
| | | 66 | 供应商 | 编造虚假资料 | 商业贿赂 |
| | | 67 | 设备调拨 | 未结合项目实际，人为因素调拨 | 失职渎职 |
| | | 68 | 设备维修保养 | 虚列、多列维保费用，不按要求维保验收 | 私设“小金库” |
| | | 69 | 特种设备进退场 | 不按要求验收 | 商业贿赂、失职渎职 |
| | | 70 | 设备事故调查 | 隐瞒事故、调查处理不客观 | 失职渎职 |
| 12 | 财务管理 | 71 | 保函及保证金 | 清退不及时 | 商业贿赂 |
| | | 72 | 预算管理 | 预算不合理、编制不及时 | 失职渎职 |
| | | 73 | 收入成本费用核算 | 列支依据不真实、不充分 | 失职渎职 |
| | | 74 | 财务报表 | 数据不真实 | 渎职 |
| | | 75 | 债权债务管理 | 债权清欠不及时、债务支付不均衡 | 失职、利益输送 |
| | | 76 | 资金管理 | 资金集中、上交未按规定执行 | 失职、利益输送 |

续 表

| 序号 | 工作职能 | 编号 | 工作事项 | 管理风险源 | 廉政风险示例 |
|---|---|---|---|---|---|
| 12 | 财务管理 | 77 | 税务管理 | 偷税、漏税，申报缴纳不及时 | 商业贿赂、失职渎职 |
| | | 78 | 责任成本考核 | 兑现不及时 | 内部公关 |
| | | 79 | 经济活动分析 | 不及时召开分析会、分析不全面、资料不全 | 失职渎职 |
| | | 80 | 财务决算 | 数据不真实 | 失职渎职 |
| | | 81 | 财务监察 | 整改不到位 | 失职 |
| 13 | 综合事务管理 | 82 | 法律事务 | 防控不到位 | 公关、利益输送 |
| | | 83 | 办公用品 | 质次价高、不按要求验收 | 商业贿赂 |
| | | 84 | 公文、印章 | 虚造公文、私刻公章 | 滥用职权 |
| | | 85 | 后勤 | 服务保障、监督不到位 | 商业贿赂 |
| | | 86 | 施工生产综合大检查 | 整改不到位 | 失职 |
| 14 | 项目控制 | 87 | 项目分级预警 | 辨识不合理、不及时 | 失职渎职 |
| | | 88 | 项目信用评价 | 沟通不到位 | 商业贿赂 |
| | | 89 | 二次经营考核 | 考核不及时、存在人为因素 | 人情考核 |
| | | 90 | 审计 | 评价不客观、存在人为因素，整改不到位 | 失职渎职 |
| | | 91 | 效能监察 | 质量不高、存在人为因素，整改不到位 | 失职渎职 |
| | | 92 | 合规性评价 | 个别部门不履责、存在人为因素 | 失职渎职 |
| | | 93 | 安全质量稽查 | 稽查不彻底、追责不客观 | 失职渎职 |
| | | 94 | 管理报告 | 编造报告、分析不到位 | 失职渎职 |

续 表

| 序号 | 工作职能 | 编号 | 工作事项 | 管理风险源 | 廉政风险示例 |
|---|---|---|---|---|---|
| 14 | 项目控制 | 95 | 亏损项目责任追究 | 分析不客观、追责不到位 | 人情因素 |
| 15 | 人力资源 | 96 | 作业队伍培育 | 合作机制不完善、管控不到位 | 利益输送 |
| | | 97 | 作业队伍培训 | 部分培训流于形式、针对性不强 | 产生安全质量事件 |
| | | 98 | 薪酬标准体系 | 标准制定不客观 | 失职渎职、内部公关 |
| | | 99 | 领导班子绩效薪酬与超额利润奖励 | 考核不客观、兑现不及时 | 人为因素 |
| | | 100 | 一般员工绩效 | 考核机制不合理、分配不公平 | 人为因素 |
| | | 101 | 管理人员教育培训 | 针对性不强、造成资源浪费 | 失职渎职 |
| | | 102 | 劳务人员工资监督 | 虚造工资表，发放不及时 | 私设“小金库” |
| 16 | 信息化管理 | 103 | 信息系统建设 | 专业集成差、资源不共享 | 利益输送 |
| | | 104 | 信息系统维护 | 维护过程商业信息易泄密 | 商业贿赂 |
| 17 | 收尾管理 | 105 | 收尾人员 | 随意调动项目主责人员、履责不到位 | 失职渎职、变卖资产 |
| | | 106 | 竣工验收 | 沟通不到位 | 商业贿赂 |
| | | 107 | 资料移交归档、工程总结 | 归档不及时、编造总结 | 失职渎职 |
| | | 108 | 清算 | 清算漏项、不及时 | 商业贿赂 |
| | | 109 | 机构撤销 | 部分资产潜在流失 | 失职渎职 |
| | | 110 | 项目后评价 | 评价不客观、编造报告 | 人为因素、失职渎职 |

续 表

| 序号 | 工作职能 | 编号 | 工作事项 | 管理风险源 | 廉政风险示例 |
| --- | --- | --- | --- | --- | --- |
| 18 | 交付后管理 | 111 | 产品回访 | 编造虚假资料、不履责 | 失职渎职 |
| | | 112 | 交付后产品评估及问题处理 | 评估不深入、问题原因分析不到位、追责机制不健全 | 人为因素、失职渎职 |

**相关要求**：不同类型的企业应依据以上廉政风险源清单，结合企业管理特点，辨识、评价、控制企业所涉及的廉政风险源（增加或删减）并明确责任部门，采取相应的措施。

# 第二章

# 工程项目管理过程中容易发生的廉政风险及防控措施

## 一、工程项目管理廉政风险

工程项目管理廉政风险涉及但不限于项目前期控制、技术服务管理、施工生产组织实施、物资采购、物资储存管理、物资收发管理、机械设备现场管理、应急处置体系管理、成本管理、分包管理、验工计价管理、项目预算、财务管理、固定资产、试验室管理、计量管理、试验管理、文件管理、人员管理、后勤管理、法律事务、项目完工、宣传23个管理过程113项（其中，重要廉政风险源有“私设小金库”、物资采购利益输送、年薪外收入、违法分包、与协作队伍关系异常、违反中央“八项规定”精神和“四风”问题、滥发额外奖金、项目巨额亏损、违反财经纪律、损害员工利益11项）。具体廉政风险源详见下表。

表2　工程项目管理廉政风险源清单

| 序号 | 工作职能 | 编号 | 工作事项 | 管理风险源 | 廉政风险示例 |
|---|---|---|---|---|---|
| 1 | 项目前期控制 | 1 | 项目进场组织 | 征地拆迁、资源等调查不到位 | 贪污、商业贿赂、失职渎职 |
| | | 2 | 施工合同分析 | 工程量价梳理结果不准确 | 利益输送、失职 |
| | | 3 | 设计文件审核 | 图纸会审存在缺失 | 失职渎职、产生质量事件 |
| | | 4 | 项目商务环境分析 | 私自泄露商务信息 | 利益输送 |
| | | 5 | 项目风险分析 | 项目风险识别缺失 | 产生安全质量事件、失职渎职 |
| | | 6 | 产品清单编制 | 私自泄露产品单价 | 利益输送 |
| | | 7 | 责任矩阵编制 | 不相容岗位未分离 | 以权谋私 |

续　表

| 序号 | 工作职能 | 编号 | 工作事项 | 管理风险源 | 廉政风险示例 |
|---|---|---|---|---|---|
| 1 | 项目前期控制 | 8 | 项目管理策划 | 项目管理模式设置不合理 | 人为因素、内部公关 |
| | | 9 | 实施性施工组织设计编制 | 施工任务分配不合理 | 利益输送、内部公关 |
| | | 10 | 前期变更索赔策划 | 变更索赔存在漏洞 | 利益输送 |
| | | 11 | 项目分包策划 | 违规分包 | 利益输送 |
| | | 12 | 施工放样管理 | 放样计划不合理 | 以权谋私 |
| | | 13 | 测量、量测仪器配置 | 制度不健全 | 变相吃“回扣” |
| | | 14 | 测量、量测仪器检校 | 监督不到位 | 虚开发票 |
| | | 15 | 地质预报实施 | 未如实反馈地质信息 | 失职渎职 |
| | | 16 | 专项施工方案经济比选 | 比选不合理 | 失职渎职 |
| | | 17 | 临时工程设置方案管理 | 虚拟合同 | 套取现金 |
| | | 18 | 变更设计管理 | 存在漏洞 | 利益输送 |
| | | 19 | 工程产品质量内部检验 | 徇私舞弊 | 利益输送 |
| 2 | 技术服务管理 | 20 | 技术服务合同履约监控评价 | 评价不客观、不公正 | 商业贿赂 |
| 3 | 施工生产组织实施 | 21 | 实施性施工组织设计实施管理 | 管理层级多 | 内部公关 |
| | | 22 | 征地拆迁配合 | 征地拆迁、费用支付、途径不合规 | 贪污、商业贿赂、失职渎职 |
| | | 23 | 调度报告管理 | 数据上报不准确、不合规 | 失职渎职 |

续 表

| 序号 | 工作职能 | 编号 | 工作事项 | 管理风险源 | 廉政风险示例 |
|---|---|---|---|---|---|
| 3 | 施工生产组织实施 | 24 | 施工日志管理 | 相关内容不符合逻辑 | 失职 |
| | | 25 | 工程实物收方 | 不按程序收方 | 商业贿赂 |
| | | 26 | 安全质量环境隐患整改 | 私自泄露安全质量信息 | 利益输送、失职渎职 |
| | | 27 | 零星用工管理 | 派工程序缺乏监督机制 | 私设“小金库”、利益输送 |
| | | 28 | 旁站工作 | 履行职责不到位 | 利益输送、产生安全质量事件 |
| | | 29 | 弃渣场管理 | 随意变更 | 商业贿赂 |
| | | 30 | 机械设备临时调配 | 分包方无偿使用企业设备 | 利益输送 |
| | | 31 | 砼拌和站验收 | 不按程序验收 | 利益输送 |
| | | 32 | 预制生产厂验收 | | 利益输送 |
| | | 33 | 机加工生产厂验收 | | 利益输送 |
| | | 34 | 砂石料加工生产验收 | | 利益输送 |
| 4 | 物资采购 | 35 | 物资市场调查 | 监督机制不完善 | 失职渎职、商业贿赂 |
| | | 36 | 物资专项管理方案制定 | 存在管理漏洞、人为因素 | 利益输送、失职渎职 |
| | | 37 | 二、三项物资采购计划管理 | | 利益输送、失职渎职、产生安全质量事件 |
| | | 38 | 主要物资采购计划管理 | | 利益输送、失职渎职 |
| | | 39 | 物资采购合同履约监控评价 | | 利益输送、人情评价 |

续 表

| 序号 | 工作职能 | 编号 | 工作事项 | 管理风险源 | 廉政风险示例 |
|---|---|---|---|---|---|
| 4 | 物资采购 | 40 | 物资调差管理 | 不按程序调差 | 商业贿赂 |
| 5 | 物资储存管理 | 41 | 物资盘点 | 不按要求盘点 | 失职 |
| | | 42 | 废旧物资鉴定 | 未多人参与鉴定 | 利益输送 |
| | | 43 | 废旧物资处置 | 不按程序处置 | 挪用、私设“小金库” |
| 6 | 物资收发管理 | 44 | 物资验收入库管理 | 不按程序验收 | 徇私舞弊 |
| | | 45 | 周转材料管理 | 自有与租赁混用 | 损公肥私、利益输送 |
| | | 46 | 物资发放 | 未多人参与发放 | 利益输送 |
| | | 47 | 物资调剂 | 项目群内部易出现舞弊行为 | 损公肥私 |
| | | 48 | 机械设备燃油领用管理 | 监督不到位、领用不合规 | 利益输送、私车公养 |
| 7 | 机械设备现场管理 | 49 | 机械设备配置管理 | 私募资金购设备参与施工 | 以权谋私 |
| | | 50 | 机械设备采购管理 | 存在管理漏洞 | 利益输送 |
| | | 51 | 机械设备租赁管理 | 存在管理漏洞 | 利益输送 |
| | | 52 | 专业分包方机械设备管理 | 设备进场验收粗放 | 商业贿赂、失职渎职 |
| | | 53 | 机械设备租赁费收方结算 | 不按程序收方 | 利益输送 |
| | | 54 | 机械设备进场验收 | 未多人参与验收 | 利益输送、失职渎职 |
| | | 55 | 机械设备退场 | | 利益输送、失职渎职 |

续 表

| 序号 | 工作职能 | 编号 | 工作事项 | 管理风险源 | 廉政风险示例 |
|---|---|---|---|---|---|
| 7 | 机械设备现场管理 | 56 | 机械设备配件入库 | 未多人参与验收 | 利益输送、失职渎职 |
| | | 57 | 机械设备配件盘点 | | 利益输送、失职渎职 |
| | | 58 | 机械设备配件出库 | | 利益输送、失职渎职 |
| | | 59 | 安全生产 | 虚列安全生产费用 | 挪用、私设“小金库” |
| | | 60 | 费用投入管理 | | 挪用、私设“小金库” |
| | | 61 | 安全事故调查处理 | 私自泄露安全质量信息 | 利益输送、失职渎职 |
| | | 62 | 质量事故调查处理 | | 利益输送、失职渎职 |
| 8 | 应急处置体系管理 | 63 | 项目应急预案制定 | 虚开应急物资票据 | 挪用、私设“小金库” |
| 9 | 成本管理 | 64 | 施工合同变更、解除或终止建议 | 未多人参与签认 | 利益输送 |
| | | 65 | 合同变更、解除或终止 | | 利益输送 |
| | | 66 | 索赔管理 | | 利益输送 |
| | | 67 | 合同期中结算 | | 利益输送 |
| | | 68 | 竣工结算 | | 利益输送 |
| | | 69 | 合同招标管理 | | 利益输送 |
| | | 70 | 合同签订 | | 利益输送 |
| | | 71 | 责任成本考核评价 | 虚列工程量价信息，上报虚假数据 | 内部公关 |

续　表

| 序号 | 工作职能 | 编号 | 工作事项 | 管理风险源 | 廉政风险示例 |
|---|---|---|---|---|---|
| 10 | 分包管理 | 72 | 分包队伍准入评价 | 违规分包 | 利益输送、人情因素 |
| | | 73 | 分包队伍退场 | | |
| | | 74 | 分包队伍履约评价 | | |
| 11 | 验工计价管理 | 75 | 对外验工计价管理 | 未多人参与签认 | 利益输送 |
| | | 76 | 工程数量控制 | | 利益输送 |
| 12 | 项目预算 | 77 | 财务预算编制 | 虚报财务预算数据 | 失职渎职 |
| | | 78 | 财务预算执行监控评价 | | 失职渎职 |
| 13 | 财务管理 | 79 | 财务报表编制 | 财务报表不真实 | 失职渎职 |
| | | 80 | 资金计划管理 | 虚拟资金计划 | 失职渎职 |
| | | 81 | 责任费用（现场经费）控制 | 控制不到位 | 私设“小金库”、失职渎职 |
| | | 82 | 资金支付控制 | 不按比例支付 | 利益输送、失职渎职 |
| | | 83 | 备用金借支管理 | 长期持有备用金 | 挪用、公款私存 |
| | | 84 | 报销 | 虚开发票 | 挪用、私设“小金库” |
| | | 85 | 税务筹划 | 偷 / 漏税 | 失职渎职 |
| | | 86 | 保险管理 | 漏报、瞒报保险索赔 | 失职渎职 |
| | | 87 | 项目“双清”管理 | “双清”不及时 | 失职渎职 |
| 14 | 固定资产 | 88 | 固定资产折旧确认管理 | 未多人参与固资盘点或折旧确认 | 失职渎职、损公肥私 |
| | | 89 | 固定资产盘点 | | 失职渎职、损公肥私 |
| | | 90 | 合同履约分析 | 瞒报成本、分析数据 | 失职渎职 |

续 表

| 序号 | 工作职能 | 编号 | 工作事项 | 管理风险源 | 廉政风险示例 |
|---|---|---|---|---|---|
| 15 | 试验室管理 | 91 | 试验室验收 | 未多人参与验收 | 失职渎职、损公肥私 |
| 16 | 计量管理 | 92 | 计量设备标定 | 虚开发票 | 私设“小金库”、损公肥私 |
| 17 | 试验管理 | 93 | 原材料试验检验管理 | 不按要求取样 | 商业贿赂 |
| | | 94 | 实体检验管理 | 出具虚假报告 | 失职渎职 |
| 18 | 文件管理 | 95 | 项目文档管理 | 无意或私自泄露项目商务文档 | 失职渎职 |
| | | 96 | 印章使用 | 印章私用 | 利益输送、损公肥私 |
| | | 97 | 例外事项管理 | 私自泄露例外事件信息 | 失职渎职、损公肥私 |
| | | 98 | 管理报告和使用 | 瞒报相关报告数据 | 失职渎职、欺上瞒下 |
| 19 | 人员管理 | 99 | 责任费用（现场经费）控制管理 | 超额发放责任费用 | 失职渎职、以权谋私 |
| | | 100 | 员工聘任 | 干预职务晋升、违规提拔 | 以权谋私、内部公关 |
| | | 101 | 人员调动管理 | 干预员工调动 | 以权谋私、内部公关 |
| | | 102 | 职工工资发放 | 滥发津补贴、奖金 | 失职渎职、以权谋私 |
| | | 103 | 劳务工工资发放 | 虚拟劳务工工资 | 私设“小金库” |
| 20 | 后勤管理 | 104 | 车辆使用 | 公共设施私用 | 以权谋私、损公肥私 |
| | | 105 | 通信管理 | | 以权谋私、损公肥私 |

续　表

| 序号 | 工作职能 | 编号 | 工作事项 | 管理风险源 | 廉政风险示例 |
|---|---|---|---|---|---|
| 20 | 后勤管理 | 106 | 公务用餐管理 | 虚报费用 | 私设“小金库”、超标准接待 |
| | | 107 | 伙食管理 | 相关费用处理不合规 | 以权谋私 |
| | | 108 | 办公生活用品购置 | 未多人参与收发管理 | 利益输送、失职渎职 |
| | | 109 | 办公生活用品发放 | | 利益输送、失职渎职 |
| 21 | 法律事务 | 110 | 非经济类纠纷处理 | 提供证据不准确、不客观 | 失职渎职、利益输送 |
| | | 111 | 合同法律纠纷处理 | | 失职渎职、利益输送 |
| 22 | 项目完工 | 112 | 竣工结算 | 结算不及时、漏项 | 失职渎职、利益输送、公关 |
| 23 | 宣传 | 113 | 文化宣传 | 虚报费用、舆情控制不到位 | 商业贿赂、失职渎职 |

**相关要求**：在建项目经理部应依据以上廉政风险源清单，结合项目特点，辨识、评价、控制项目所涉及的廉政风险源（增加或删减）并明确责任部门，采取相应的措施。

## 二、工程项目管理过程中的廉政风险及防控措施

### （一）廉政风险

#### 1. 工程招投标风险

在工程招标过程中，常出现一些突出问题，导致腐败现象多发，如

建设方招标体制存在不规范、同体监督、明招暗定、地方保护、评标不公、规避公开招标等。工程招投标风险易发部位有：

（1）在招投标前期，企业为建立良好的外部关系，向招标单位等相关人员赠送礼金、贵重物品，因对方事发被查，延伸调查涉及本单位行贿问题。

（2）企业采取中介合作方式“暗箱操作”，支付相关费用后中标，因中介方被调查，顺藤摸瓜牵出本单位的相关腐败问题。

（3）参与经营活动过程中，经办人单独或伙同他人采取瞒报相关费用的方式，在经营企业的同时经营自己，被举报或其他原因引发被查处。

（4）组织或参与围标、串标，致使招投标结果不公平，被举报或监管单位发现查处，引发相关廉政问题。

（5）企业领导或部分领导层私自决策、操作、参与外部单位组织的围标活动，收取围标费用被查处。

（6）经营性窗口单位或经营开发系统的职员，利用职务之便，未经单位批准，私下参与项目围标活动并收取费用，占为己有，事发后被查处。

（7）经营性窗口单位或经营开发系统的职员，利用职务之便，私下盗用企业资质出让给其他单位投标，为个人谋取利益被查处。

（8）被公关对象拒收或退回的礼金、购物券卡或贵重礼品，私自隐瞒占为己有，在相关案件调查取证时被查处。

（9）被公关对象基于自身的某种目的和原因，主动向地方纪检组织或司法机关交代情况、上缴礼金，使相关企业被动卷入廉政危机。

**2. 私设“小金库”**

（1）“小金库”提取渠道繁多，一般都是通过虚列劳务队伍验工结算、虚开虚增材料发票、物资采购提成、虚列班组工资奖金、虚开机械租赁台班、虚增管理费用、截留废旧物资款等方法提取，经办人多，手法简单易查，风险较高。特别是通过供应商提取的“小金库”，更容易被举报或连带查处。

（2）在提取“小金库”资金时，经办人附带个人利益成分，往往会采取多提少交的方式谋取私利，因损害供应商或本单位（项目）利益被举报。

（3）协助提取“小金库”的劳务队伍，在某些利益诉求达不到自身的目标时，恶意进行举报。

（4）“小金库”涉及范围广，绝大多数用于单位（项目）各种关系的处理、疏通，所投向对象大多是政府部门、建设单位、设计单位、监理单位，牵涉的人员范围极广。其中有一个对象被查处，就直接涉及“小金库”问题而引发廉政危机事件。

（5）部分单位（项目）私设“小金库”从头到尾都使用一个账簿，提取的所有“小金库”始终滚动使用。账内累计数额巨大，扩大了案情和涉案人员范围被查处。

（6）个别单位（项目）在使用“小金库”时，对被公关对象进行实名记账，被查后导致关系单位和人员身份暴露，使企业廉政危机雪上加霜。

（7）在“小金库”中巧立名目发放奖金、补贴，主要参与决策者和收益人被追究为私分国有资产罪，一并带出更大范围的廉政危机事件。

（8）“小金库”未受到全面有力监管，易被个人通过不同方式占为己有或挪用，“小金库”被查，出现个人廉政危机。

（9）“小金库”使用没有经过班子主要成员研究，列销也未执行会签制度，存在自用自批的情况，被查后转化成个人行为被追责。

（10）单位（项目）领导对“小金库”提取、保管和使用均不公开，全盘个人“暗箱操作”，导致出现内部矛盾受举报查处。

（11）在“小金库”中划拨大额的上级单位相关费用，一方受查，同时引发廉政危机。

（12）单位领导人员为达到个人目的，动用“小金库”进行内部公关被检举。

（13）在“小金库”中对外划拨大额工程项目围标费用，对方受查，延伸追查资金来源，导致本单位产生廉政危机。

**3. 物资管理风险**

物资成本在项目施工生产成本中占有较高的比重，物资管理是项目廉政风险的多发部位。主要表现在：

（1）对供应商资格评审不严谨，评审程序走形式。

（2）执行招标管理制度不严格，违规加价、倾向性选择供应商、随意变更供应商或随意变通招标结果。

（3）违规签订“三无”（无单价、无数量、无验收标准）合同、开口合同。

（4）未严格执行合同，结算价与合同价不一致。

（5）采购合同存在“先签后批”现象，程序倒置。

（6）与供应商勾结，材料质量以次充好，由安全质量问题调查延伸并引发廉政事件。

（7）在办理项目物资采购业务过程中，收取回扣、好处费或索贿被举报。

（8）为追求个人利益目标，私下与对方订立合同外承诺。合同执行中期或终期，个人受益后，不能满足供应方的利益需求受到举报。

（9）管理人员、供应商串通谋利，利益分配不均造成双方矛盾突出，被检举。

（10）项目通过虚增物资采购量加大工程成本，审计后移交司法查处出现廉政危机事件。

（11）供应商长期涉嫌不正当竞争或商业贿赂，被立案查处延伸调查物资人员收取好处费问题。

（12）项目有关人员与不法商人勾结，采取垄断式协议采供，被第三方或知情人检举。

（13）项目人员擅自降低入库物资品质，自己从中谋取材料价差被举报。

（14）项目物资人员利用职务便利，个人参与倒卖国家控制性物资、紧俏物资，或在各类倒卖活动中协助供应商哄抬物价，谋取私利被查处。

**4. 设备配件管理风险**

（1）在设备招标采购中，收取厂商好处费、贵重礼品，为其中标提供条件，造成招标结果不公平被第三方举报。

（2）在设备招标采购中，收取厂商好处费、贵重礼品，在未满足对方的利益需求后被举报。

（3）项目或个人通过虚增机械设备台数和使用台班，套取现金私吞或作为他用被举报。

（4）项目人员在租用社会机械设备时拿回扣、吃差价、收取好处费被举报。

（5）将项目公有机械设备提供给劳务队伍使用，收取租赁费用归已所有被举报。

（6）领导干部违法集资或个人购买设备，高价向本单位项目租赁谋取私利，涉案数额较大被查处。

（7）违规购置公务用车未组资。

（8）回购外单位设备、未审批购置、超计划购置等未组资。

（9）配件采购无据可依，不招标。

（10）配件验收无标准，质量参差不齐。

（11）配件定价无依据，加价采购。

**5. 征地拆迁风险**

（1）项目协调人员与拆迁单位、拆迁对象联手，通过增大拆迁房屋面积、虚构地面附着物、提高青苗补偿面积和标准等方式，私分非法获取的补偿资金，事后被地方审计复核时涉案。

（2）项目协调人员与地方征迁负责人相互勾结，合伙贪污征地拆迁费用被拆迁户或知情人举报。

**6. 工程分包风险**

（1）项目人员收受协作单位红包、好处，违法分包工程被举报。

（2）项目人员内外勾结、以权谋私，给特定关系劳务队伍在合同内调高承包单价、给予合同外补偿或其他利益性照顾，被举报、查处。

（3）项目人员接受协作队伍贿赂，有意放松工程监管，导致发生安全质量事故被追责、查处，连带引发廉政事件。

（4）项目人员以协助劳务队伍开展工程变更设计为由，向对方提取活动费用并从中截留，因故被揭发或涉案。

（5）项目领导人员借年节、乔迁、生日、婚嫁等机会，大肆收受协作队伍礼金被举报。

（6）项目人员收受协作队伍礼金、贵重礼品，在工程完工清算时不能达到对方的利益目标被揭发。

（7）项目人员在施工管理过程中，故意设置障碍刁难协作队伍，长期向其索取好处费被举报。

（8）项目主要人员与协作队伍合伙，通过虚假验工、虚增工程数量等手段，非法套取、私分项目资金被举报。

（9）项目主要人员在本项目安插自身的关系队伍，采取干股分利、体外循环套取等方法，以权谋私被举报。

（10）项目主要人员私下硬性向协作队伍指定物资材料供应商，从中赚取利润回扣、中饱私囊被举报。

（11）项目主要人员利用职权，强行向协作队伍出租私人机械设备，变相获取高额利润被举报。

**7. 资金管理风险**

（1）领导人员收受协作队伍好处，放松资金管控，超付工程款，最终导致项目资金外流被举报。

（2）领导、财务人员擅自对外拆借资金，过程中出现变故无法追回，被调查而引发廉政风险。

（3）领导、财务人员在无上级单位审批的情况下，擅自发放奖金且数额较大，被审计查出。

（4）大额借支备用金超过 3 个月，同时无法认定是公务使用。

（5）领导、财务人员多次或大额挪用公款作为个人炒股、博彩、投资等经营性资金。

（6）上级单位、建设单位和地方政府奖励的资金，未入财务账户直接发放，被调查。

（7）向无业务关联的单位账户转款，在被审计出后没有正当理由解释，被追查。

（8）项目收支不记账，有贪污、挪用嫌疑被举报。

（9）管理项目账外资金（费用）的人员，在工作调动时不按规定进行账务移交，或擅自销毁账目、凭证。

（10）报销应由个人承担的费用，账外资金被查引发个人问题。

（11）隐瞒某些事故，对保险公司支付的事故理赔款长期放置账外或由个人保管，后被个人挪用或私分。

**8. 废旧设备、物资处理风险**

（1）负责人或管理人员未经研究同意，私下处理废旧物资设备并将处理所得费用占为己有或私分。

（2）处理废旧物资设备后，应收款项未按规定缴纳财务入账，挪作奖金发放、经营支出或作为“小金库”资金管理等其他用途，被地方审计、稽查发现。

（3）负责人打着支援地方建设的名义，获准赠予地方单位或集体组织废旧物资设备，私下却收取个人好处费，占为己有。

（4）负责人或物资人员为达到个人目的，故意隐瞒废旧物资设备处置的数量，联手截留并私分钱款。

（5）负责人或物资人员变相低价出售废旧物资设备，吃差价，中饱私囊，损害企业利益。

### （二）典型案例及防范措施

#### 1. 典型案例

根据上述辨识的工程项目管理廉政风险源，结合工程项目管理现状，我们列举了工程项目管理过程中容易出现的违反中央“八项规定”精神、违反财经纪律等7个方面的28种现象，在实际工作中要引以为鉴：

（1）违反中央“八项规定”精神

**▶ 典型案例1：违规购买高档酒水和香烟**

××项目经理部张××于2016年7月至8月先后违规报销茅台酒30瓶、每瓶1250元，金额37500元；报销国窖1573酒36瓶、每瓶850元，金额30600元；中华香烟20条、每条700元，金额14000元。共计报销82100元。

### ▶ 典型案例 2：超标准接待

××项目经理部2016年度食堂共发生内部招待费45.3万元，直接以内部招待费单报销列账，其中：2016年2月、10月分别报销食堂招待费42057元、45063元，接待用餐人数分别为305人（人均138元）、3034人（平均每天接待100人以上），接待用餐人数、接待用餐标准违反公司接待管理规定。

### ▶ 典型案例 3：超标准住宿

2015年7月15日，××局××公司总经理贺××违规报销××希尔顿五星级酒店发票。

### ▶ 典型案例 4：超标准乘坐交通工具

2018年5月，××局党委在开展党委巡察工作期间，巡察组发现××公司领导班子成员有违规报销超标准交通费用问题，多次出现报销高铁一等座、飞机头等舱或公务舱现象，此种行为明显违反中央"八项规定"精神和××局相关制度办法。

### ▶ 典型案例 5：违规娱乐消费

××项目经理部王××违规报销休闲娱乐发票，其中2016年2月报销足浴、娱乐发票9461元，2016年3月报销洗浴发票10390元。

### ▶ 典型案例 6：滥发奖金

2016年12月30日，××局××公司在上级多次明令禁止违规发放福利的情况下，仍违规向××部门工作人员发放奖金共计36万元，公司副总经理张××在听取下属汇报时，未详细了解情况，便口头同意发放奖金。

### ▶ 典型案例 7：滥发工资津补贴

2017 年，×× 项目经理部违规发放司机出车补助，随意将标准每天 40 元调整为每天 60 元和 100 元；另外，在无审批的情况下随意调高个别人员工资系数。

### ▶ 典型案例 8：违规报销应由个人承担费用

2016 年 3 月，×× 局 ×× 公司副总经理刘 ×× 将给自己私家车购买的 2015 年度交通强制险、商业保险及车船税等费用共计 8614 元在 ×× 项目经理部报销。

**▶ 典型案例 9：到风景区旅游开会**

2016 年 7 月，×× 项目经理部在施工过程中因遇特大型岩洞，需组织召开技术研讨会。在项目经理的提议下，会议在西湖风景区召开，会议结束后，全体人员在风景区游玩一天，造成不良影响。

（2）违反财经纪律

**▶ 典型案例 10：私设“小金库”**

2016 年 5 月，×× 项目经理部项目经理安排项目物资部长王 ×× 虚开二三项料发票 3 万元用于费用处理。王 ×× 于 2016 年 6 月虚开二三项料发票 2.95 万元，并在财务部门报销。至 2017 年 8 月上级检查发现时，该笔款项仍存于王 ×× 的个人账户。

**▶ 典型案例 11：用大额现金支付分包款、设备租赁款**

×× 项目经理部 2017 年 1 月使用大额现金支付协作队伍工程款 100 万元；2017 年 2 月使用大额现金支付设备租赁费 20 万元。

**▶ 典型案例 12：大额备用金借支、交回不规范**

2014 年 1 月，×× 项目经理部办公室主任李 ×× 借支备用金 20 万元，2014 年 3 月李 ×× 现金交回备用金 5 万元，2014 年 4 月李××现金交回备用金15万元。

**▶ 典型案例13：库存现金长期超限额**

××项目经理部库存现金长期超限额。其中2015年1月至2017年3月期间有275天库存现金超过20万元；有77天库存现金超过50万元；有25天库存现金超过100万元；2017年1月18日库存现金余额最高时达900万元，现金管理存在着巨大安全管理隐患。

（3）违反安全管理规定

**▶ 典型案例14：安全事故台账与财务报销资料不吻合**

2017年，在上级安全检查过程中，××项目经理部提供的《安全生产事故报表台账》显示累计发生10人工伤事故，而《工伤保险台账》显示累计发生12人工伤事故已理赔。从财务报销凭证中发现2016年10月14日报销王××工伤医药费337.71元、2016年10月17日报销刘××工伤医药费11261元，台账中没有记录。

（4）违反分包管理规定

**▶ 典型案例15：分包超限价**

××项目经理部的车站路面恢复合同中有部分劳务分包单价超公司限价，既没有超限价说明，也未上报公司审批。如：破除路面公司限价每平方米29.63元，项目分包单价每平方米35元。

**▶ 典型案例16：未按合同约定扣除保证金**

××项目经理部2016年5月与分包单位签订的小临合同条款

中约定：“合同签订后，乙方缴纳履约保证金2万元，每月甲方扣除结算款的2%作为民工工资专项资金。”项目经理部2016年6月至2017年8月在对小临合同结算时没有按照合同约定扣除民工工资专项资金，分包单位也没有缴纳履约保证金。项目经理部对小临合同评审意见要求质保金比例为10%，评审后签订的合同质保金比例为5%，合同评审流于形式。

**▶ 典型案例17：分包验工现场结算签认不合规**

××项目经理部2017年3月土方外运结算，出渣车车次的现场结算单只有工经部部门张××一人签字。

**▶ 典型案例18：超合同总价结算**

××项目经理部2016年3月与××装饰公司签订的临建合同1份，金额是156.91万元，临建补充合同1份，合同金额是162.8万元，截止到2017年5月项目经理部临建结算金额已达627.7万元。

**▶ 典型案例19：超付分包工程结算款**

××项目经理部2017年8月5日应付××建筑工程有限公司工程款账面显示超付金额446017元。

（5）违反物资管理规定

**▶ 典型案例20：物资先采购后补签合同**

××项目经理部2015年7月至2016年6月从马钢公司采购钢材的合同是2016年8月15日补签的；2014年6月至2015年6月陆续从××贸易有限公司、××物资有限公司等三家供应商处采购钢材，

2015 年 7 月 ×× 项目经理部才与上述三家单位签订钢材采购合同。

**▶ 典型案例 21：使用合格供应商名录外企业**

×× 项目经理部与 ×× 贸易有限公司签订"生石灰买卖合同"，合同签订日期为 2016 年 2 月 18 日，合同履行期限为 2016 年 1 月 10 日至 2017 年 1 月 10 日。在项目经理部开展的询价比价表中没有 ×× 贸易有限公司，且该单位不在公司合格供应商名单内。

**▶ 典型案例 22：废旧物资处理过程签字不合规**

×× 项目经理部 2016 年 7 月 15 日处理的一批废旧物资没有收购单位的报价单；项目于 2017 年 2 月 13 日处理废旧物资过程监督记录和废旧物资鉴定记录中废旧物资处理小组人员签字不全，废旧物资处理附件"废旧物资处理小组鉴定记录""废旧物资处理小组过程监督记录"签字不全。

**▶ 典型案例 23：废旧物资先处理后报批**

×× 项目经理部 2014 年 6 月 29 日处理的一批废旧物资，金额 14.5 万元，2014 年 5 月开始处理废旧物资，2014 年 6 月 16 日报公司申请，无现场过磅记录。2014 年 10 月至 2015 年 3 月处理了一批废旧物资，金额 10.3 万元，2015 年 3 月才向公司打废旧物资处理申请报告。

（6）违反机械设备管理规定

**▶ 典型案例 24：无合同结算租赁费**

×× 项目经理部与 ××A 租赁服务中心签订的设备租赁合同时

间为2016年1月20日，但租赁结算单是从2015年10月开始结算付款。另租赁××B货物运输有限公司的结算单有汽车自卸吊、翻斗车和13米平板车、16T汽车吊车，但签订的合同里面约定的设备租赁价格表里面无这些设备，项目经理部也未与该公司签订补充协议，未约定其租赁价格。

### ▶ 典型案例25：报销租赁合同外的费用

××项目经理部2017年4月17日报销皖KAD135设备修理费1395元；2017年7月27日报销皖KAD135修理费2580元。这些与租赁合同中明确的“承租方只承担油费、保险费，日常修理费由出租方承担”不符。

### ▶ 典型案例26：设备报废管理不规范、处置不合规

××公司“2015年度报废设备固定资产处置台账”，2015年6月25日资产处理申请表处置3台报废挖掘机，2016年12月28日固定资产处置申请表处置一批报废设备，2016年12月对一批工程测量、试验仪器报废处理，仅有报废申请，没有后续报废处理过程资料、处理金额及财务交款凭证。

### ▶ 典型案例27：大额维修费报销无维修项目清单

××A项目经理部2016年10月13日报销空调维修费6800元，无维修清单；××B项目经理部2017年2月28日报销汽车保养费3889元，维修费无项目明细；××C项目经理部2016年7月14日报水泵电机维修费1.9万元，无维修清单、无经办人签字。

### （7）违反劳务用工管理规定

**▶ 典型案例 28：超龄使用劳务工**

2017 年在上级检查中发现，××公司××办事处聘用的 3 名劳务工情况如下：聘用王××为管理员，年龄 69 岁；聘用徐××为汽车驾驶员，年龄 64 岁；聘用文××为管理员，年龄 70 岁。以上聘用人员均为退休人员，年龄较大，存在用工风险。

### （三）防控措施

针对以上廉政风险，结合工程项目所处营商环境需求，制订如下措施，规避项目管理廉政风险。

1. 提高思想认识。项目党组织认真组织学习习近平总书记重要讲话精神、中纪委及集团公司相关文件要求，持续纠治“四风”，始终坚持党的领导，增强“四个意识”、坚定“四个自信”、做到“两个维护”，无论在任何时候都守住廉洁自律底线、不碰红线。

2. 落实好“一岗双责”。将党风廉政建设与项目管理活动紧密融合，切实履行“一岗双责”，严格职业操守和法规意识，认真落实党风廉政建设责任制。

3. 完善项目内部控制风险管理体系。结合项目管理活动中涉及的廉政风险源，通过项目管理责任矩阵将其分解到相关部门或岗位，并定期依据廉政风险源的变化，动态修订项目管理制度。

4. 动态地“增减”项目施工所涉及廉政风险源。鉴于建筑施工行业的特点，工程产品的固定性，施工队伍的流动性，外部环境因素多变性。项目经理部应定期辨识、评价、控制项目管理活动中廉政风险源，进行必要的增加或减少，做到有的放矢。

5. 严格控制项目重要廉政风险源。按照“谁主管、谁辨识、谁控制”

原则，项目职能部门既要主动辨识、评价、控制项目一般廉政风险源，又要杜绝项目重要廉政风险源的发生。项目管理委员会更要发挥专业集成监督作用，做到防患于未然。

6. 提高个人综合能力。通过学习、培训或定期岗位交换等方式，提高项目管理团队专业集成效应能力，且结合项目所在区域的营商环境要求，有序实施区域经营生产管理一体化，规避项目管理风险。

# 第三章

# 财务管理过程中容易发生的廉政风险及防控措施

## 一、财务管理廉政风险源

财务管理是根据财经法规制度，组织企业财务活动，处理财务关系的一项经济管理工作，有涉及面广、综合性和制约性强的特点，它是通过价值形态对资金运动进行决策、计划和控制的综合性管理，是企业管理的核心内容。经过梳理、辨识、评价核心内容的廉政风险源，明确企业财务管理过程中容易发生的廉政风险归纳为 7 类、27 个风险点。

表 3　企业财务管理廉政风险源清单

| 序号 | 工作职能 | 编号 | 工作事项 | 管理风险源 | 廉政风险示例 |
| --- | --- | --- | --- | --- | --- |
| 1 | 财务管理 | 1 | 违反中央“八项规定”精神 | 超标准或违规报销差旅费、会议费或违规使用车辆等 | 失职渎职、利益输送 |
| | | 2 | 预算、资金管理 | — | — |
| | | 2.1 | 预算管理 | 预算编制不合理、编制不及时 | 失职渎职、内部公关 |
| | | 2.2 | 资金管理 | 资金预编制不平衡，违规审批、办理资金收支、保管业务，擅自变更筹资方案筹资，违规或无依据支付债务资金，人为干预资金集中 | 失职渎职、利益输送 |
| | | 3 | 经费报销管理 | 受理虚假发票报销或者故意违规报销 | 失职渎职、利益输送 |
| | | 4 | 税务管理 | 虚开、出借增值税发票，未按合同取得合规税票 | 商业贿赂、失职渎职 |
| | | 5 | 担保、资产管理 | — | — |

续　表

| 序号 | 工作职能 | 编号 | 工作事项 | 管理风险源 | 廉政风险示例 |
| --- | --- | --- | --- | --- | --- |
| 1 | 财务管理 | 5.1 | 担保管理 | 违规办理、清退不及时 | 渎职、商业贿赂 |
| | | 5.2 | 债权管理 | 债权确认不及时，债权延迟清欠 | 失职渎职、利益输送 |
| | | 5.3 | 资产管理 | 资产价值评估不公允，在资产转让、报废过程中造成企业利益损失 | 失职渎职、利益输送 |
| | | 6 | 成本费用核算、财务报告、档案管理 | — | — |
| | | 6.1 | 成本费用核算和财务报告 | 擅自未按规定进行会计核算，擅自变更会计政策、费用及津补贴标准，对外不当披露财务报告信息 | 失职渎职、商业贿赂 |
| | | 6.2 | 会计信息化系统维护 | 擅自更改管理权限、提供账户密码，利用职务之便向相关方泄露秘密 | 失职、商业贿赂 |
| | | 6.3 | 财务档案管理 | 利用职务之便篡改档案、违规向相关方提供使用档案 | 商业贿赂、失职渎职 |
| | | 7 | 投资、筹资管理 | 投、融资方案评审时评价失真，人为造成利润流失 | 商业贿赂、失职渎职 |

## 二、财务管理过程中的廉政风险及防控措施

### （一）廉政风险

#### 1. 违反中央“八项规定”精神

（1）违反业务招待费管理办法要求，变相安排公款接待、内部相互

吃请，违规超标准住宿或安排超标准住宿。

（2）以举办系统工作会议、培训等名义，到风景名胜区召开会议、举办培训班、组织旅游。

（3）在工作中，违规超标准乘坐飞机、轮船、火车、高铁等交通工具，违规报销相关费用。

（4）在工作活动中，公车私用、“私车公养”，或向下属、合作单位私借车辆使用、转嫁相关费用，或象征性付款公车私用。

**▶ 典型案例 1：违规接待**

××局××公司 2015 年 1 月在××高尔夫俱乐部超标准宴请业主花费 2.1 万元，因违反中央“八项规定”精神，相关责任人受到党内严重警告处分。

**▶ 典型案例 2：违规报销**

××局××公司李×× 于 2018 年 2 月报销头等舱机票一张 1220 元，因违反中央“八项规定”精神，李××受到党内警告处分。

**▶ 典型案例 3：违规租赁**

××局××公司××部门，2016 年 7 月未经审批租赁 1 台公务车辆供本部门使用，且没有车辆使用登记台账等记录，其部门负责人受到党内警告处分。

**▶ 典型案例 4：公款旅游**

××局××公司领导班子及中层干部，2015 年 5 月在××旅游景区酒店召开党委中心组（扩大）学习会，花费 7200 元。因公款旅游、在景区召开会议等问题严重违反中央“八项规定”精神，公司领导班子在景区召开会议费用由班子承担，其中两位主要领导承担费用 50%，责成××局党委进一步问责。

**2. 预算、资金管理风险源**

（1）预算编制、审批、执行、考核环节利用职务之便对关系人给予照顾，滋生索贿、受贿、行贿廉政风险。

（2）对企业生产经营及其他业务活动中取得的资金收入不及时入账、账外设账，设立“小金库”，进行集体私分或个人贪污。

（3）办理资金支付业务时，擅自改变款项的用途、金额、支付方式等，导致资金使用不当或者引发挪用、贪污、截留。

（4）擅自违规出借企业银行账号，擅自违规出具与企业银行账号相关的商业秘密、资金证明给其他单位使用，谋取私利。

（5）在开展资金集中时人为设置障碍不集中资金，谋取个人私利，侵害企业利益。

（6）在生产经营工作中，超限额借支备用金、长期挂账备用金等，滋生挪用公款、公款私存廉政风险。

（7）弄虚作假，违规审批、支付资金形成实质性的超付款，谋取个人私利，侵害企业利益。

**▶ 典型案例 5：贪污公款**

××局××公司出纳员张××于 2015 年×月×日因家中有事请假且假满未归，也无法与其取得联系，查其经手的出纳业务，发现其利用职工身份证擅自办理银行卡代发工资、修改民工工资支付书将资金转入其个人账户、提取现金未列账等三种方式贪污公款37万多元。

### ▶ 典型案例6：私设“小金库”

2012年4月至2015年9月，××局××公司事务员李××，大额现金累计挂支1121.98万元，大额现金累计交回709.45万元，以发票报销等形式冲销挂支412.54万元。经查，系原项目经理赵××等人以不同方式套取现金，私设“小金库”，且大额资金去向不明。××局已将有关线索移交检察机关处理。

### 3. 经费报销管理风险源

（1）借职务之便违规报销不合规或应由个人承担的费用，滋生职务侵占、贪污廉政风险。

（2）借职务之便违规安排其他人报销与自己业务不相关的费用谋取私利，滋生职务侵占、贪污廉政风险。

### ▶ 典型案例7：违规报销个人费用

2014年1月，××局××公司铁路项目党工委书记赵××报销水果款25056元，发票为税务局代开发票，付款方为周××个人。因报销属于个人的费用，赵××被勒令退回财务报销款，同时党工委书记赵××、经理王××、财务部长汪××被通报批评。

**▶ 典型案例 8：违反报销规定**

2012 年至 2015 年期间，××局××公司多笔报销咨询费用 274 万多元，支出金额大，无咨询合同和成果报告。根据其提供的说明，实为套现支付专家聘用费和规划报告编制费用等。因违反经费报销规定，相关责任人受到党内警告处分。

**4. 税务管理风险源**

（1）在对分包、分供方的纳税资格评审中走形式，导致选择不符合纳税资格的分包方、分供方，谋取私利，侵害企业利益。

（2）虚开、出借企业增值税专用发票收取费用占为己有，中饱私囊。

（3）为谋取私利致使分包、分供方、个人长期不提供合法的税前列支凭证。

**▶ 典型案例 9：违反个税规定**

2014 年 1 月，××局机关及子公司，发放绩效年薪 101.45 万元，转移下属项目发放，没有计算缴纳个税。因违反个税有关规定，全部按照税法要求补交个税及滞纳金。

**5. 担保、资产管理风险源**

（1）擅自办理担保业务或出具类似具有担保性质的函件，谋取私利，侵害企业利益。

（2）下达清欠计划不严格执行相关制度，利用职务之便给予照顾，滋生索贿、受贿、行贿廉政风险。

（3）擅自处置报废资产，或处置收入未督促上交财务部门，牵涉出企业相关廉政问题。

（4）资产评估流于形式，造成转让价值低于公允价值，滋生索贿、受贿、行贿廉政风险。

（5）擅自干预财产保险采购的招标和谈判，造成采购结果不公正，谋取私利，侵害企业利益。

**▶ 典型案例 10：违规处置固定资产**

××局××公司 2016 年 4 月未经上报审批，擅自处置汽车 2 辆收回现金 4 万元（原价值 19 万元）。因违反《固定资产管理办法》，相关责任人员受到行政记过处分。

**6. 成本核算、财务报告、档案管理风险源**

（1）对分包方、分供方提供的发票经查验为虚假的发票不予制止，直接作为记账凭证附件进行账务处理，谋取私利，侵害企业利益。

（2）利用职务之便擅自篡改、抽换、毁损、拆封和泄密会计档案，违规擅自将会计档案携带外出、复印或出具有关证明，谋取私利。

（3）违规擅自提高员工出差、社保等补助标准，谋取私利，侵害企业利益。

（4）擅自公开或泄露财务秘密，违规使用公司财务专用章，私自出借企业资信资料等，或给其他单位使用，谋取私利，侵害企业利益。

**▶ 典型案例 11：用假发票报销**

××局××公司，2015 年 3 月至 7 月违反发票管理规定，违规报销租赁机械费假发票 4 张共计 13.08 万元。最终，相关人员因未按要求取得合规的发票受到行政处分。

**7. 投资、筹资管理风险源**

（1）投资方案评审时对项目的资金来源、风险与收益等评价失真，境外投资项目财务尽职调查失真，滋生索贿、受贿、行贿廉政风险。

（2）筹资方案评审时受利益相关方影响导致筹资成本过高，潜在风险估计失真，滋生索贿、受贿、行贿廉政风险。

### （二）防控措施

针对以上廉政风险，结合企业实际，制订如下措施，规避财务管理廉政风险。

（1）提高思想认识。认真学习中央“八项规定”精神，持续纠治“四风”，站在维护政治纪律和政治规矩的高度，始终保持对党的纪律的敬畏和戒惧，在任何时候都守住底线、不碰红线。

（2）落实“一岗双责”。将廉政建设与财务业务工作紧密融合，切实履行“一岗双责”，严格要求自己，以身作则，强化职业操守和法规意识；认真落实党风廉政建设责任制。

（3）完善企业内部管理制度。完善经济业务授权审批制度，明确批准范围、权限、责任和处理程序；建立相互分离控制体系，不能由一个人负责办理会计事项的全过程，从而规避预算、资金、债务、资产、税务等业务管理制度缺失和操作不合规导致的风险。

（4）科学设置会计工作岗位。明确关键岗位的职责和分工，禁止出纳人员兼管稽核、会计档案保管及收入、支出、费用、债权债务账目的登记工作，落实会计人员的回避制度和轮岗制度，划分关键管理岗位的责权嵌入管理流程，通过业务管理的流程化保证不相容职务的分离，规避财务管理风险。

（5）严格执行公司的规章制度。严格按照《业务招待费管理办法》《公务用车管理办法》《差旅费管理办法》等制度要求，严格报销程序，严格费用报销标准，严格把关审核。

（6）提升个人业务能力。通过加强学习、培训及时掌握新的财政法规知识，增强自己的业务能力和从业技能，提高自己处理问题的应变能力，适应当前复杂多变的财务管理新形势。

（7）强化财务共享服务中心职能建设。利用数据优势打通与物资、资金、成本、税务、商旅等信息系统的接口，加大业财融合的覆盖面，推动与共享平台的数据互联互通，发挥财务共享中心大数据的优势，通过强化财务分析、监督监控等手段，有效管控财务管理风险。

# 第四章

# 经营管理过程中容易发生的廉政风险及防控措施

## 一、经营管理廉政风险源

企业经营管理廉政风险涉及但不限于以下 25 个管理过程的风险源，其中廉政风险源详见下表。

表 4　经营管理廉政风险源清单

| 编号 | 工作事项 | 管理风险源 | 廉政风险示例 |
|---|---|---|---|
| （一）市场营销部 | | | |
| 1 | 研究、制定企业营销系统管控制度 | 营销体系不健全、营销制度不完善、流程审批环节多、周期长 | 内部公关、贪污、失职渎职 |
| 2 | 企业品牌维护和推广策划 | 方式单一、不诚信 | 商业贿赂、利益输送 |
| 3 | 建筑市场形势分析和有关经济政策、法律法规研究、宣贯及国内市场调研和监控 | 研究、宣贯、调研开展不深入 | 失职渎职 |
| 4 | 制定国内经营发展战略及年度经营计划 | 经营发展战略局部与实际脱节、经营计划制定不合理 | 失职渎职、人为因素 |
| 5 | 国内经营信息及数据的统计分析管理 | 编造经营信息、数据 | 失职渎职 |
| 6 | 国内各营销机构经营目标制定、运行监督和业绩考核 | 制定不合理、监督不到位 | 人为因素、失职渎职 |
| 7 | 国内工程市场客户的系统管理 | 部分区域未实现经营生产一体化、客户维护不连续 | 利益输送、贪污 |

续 表

| 编号 | 工作事项 | 管理风险源 | 廉政风险示例 |
|---|---|---|---|
| 8 | 国内工程市场经营投标系统建设和运行管理 | 体系建设不健全、运行管理不符合要求 | 贪污、失职渎职 |
| 9 | 营销管理软件管理 | 程序繁杂、未按要求录入，泄露信息 | 失职渎职、利益输送 |
| 10 | 注册在集团公司的造价工程师管理 | 相关人员储备不足、商务聘用管理不到位 | 失职渎职、利益输送 |
| 11 | 协调营销中心和相关单位经营投标配合工作 | 协调不到位 | 内部公关、失职渎职 |
| 12 | 营销队伍建设与培训 | 部分经营人员素质不高、培训不到位 | 人情因素、内部公关 |
| **（二）营销中心** | | | |
| 1 | 国内经营平台、客户关系建设和日常维护管理 | 维护不连续 | 利益输送、贪污 |
| 2 | 统筹和协调集团国内经营投标过程中内外部相关方的关系 | 统筹、协调不到位 | 失职渎职、商业贿赂 |
| 3 | 国内经营投标信息收集与日常管理 | 投标信息收集不及时、不全面 | 失职渎职 |
| 4 | 国内工程项目投标报价系统的日常管理 | 基础工作准备不充分、未及时维护报价软件 | 失职渎职、利益输送 |
| 5 | 国内相关工程项目信息评审、现场探勘、经营、风险评估、资格预审、投（编）标及合同签订等组织和日常管理 | 未结合市场环境及现场特点进行评审、合同签订等 | 失职渎职、利益输送 |
| 6 | 国内经营费用管理 | 滥发奖金、超标准接待、违规报销禁止性发票 | 损公肥私、私设“小金库” |
| 7 | 国内铁路项目和重大非铁路项目经营编标组织 | 编标人员专业搭配不合理 | 失职渎职 |

续 表

| 编号 | 工作事项 | 管理风险源 | 廉政风险示例 |
|---|---|---|---|
| 8 | 经营投标过程中各类相关资质和证照在国内工程市场的使用管理 | 不按要求使用或不按规定借阅资质和证照，伪造证照 | 利益输送、损公肥私 |
| 9 | 经营投标过程中相关业务办理 | 未及时办理相关业务 | 失职渎职、利益输送 |
| 10 | 经营投标过程中的风险管控 | 辨识、评价、管控不到位 | 失职渎职、损公肥私 |
| 11 | 国内市场营销系统后勤保障管理及日常服务 | 服务保障不力 | 失职渎职、内部公关 |
| 12 | 市场营销文件及档案资料管理 | 管理不规范、不按要求归档 | 失职渎职 |
| 13 | 组织配合股份公司经营项目的配合工作 | 配合不主动、沟通不到位 | 内部公关 |

## 二、经营管理过程中的廉政风险及防控措施

### （一）廉政风险

经过梳理、辨识，企业经营管理过程廉政风险归纳为9类、28个风险点。

**1. 违反“八项规定”精神**

（1）违反《业务招待费管理办法》要求，以各种名义变相安排公款接待、超标准接待、内部相互吃请。

（2）在公务接待中，提供香烟、高档酒水、高档茶叶等。

（3）在经营活动中，违规超标准住宿或安排超标准住宿。

（4）违规超标准乘坐飞机、轮船、火车、高铁等交通工具，违规报销相关费用。

（5）在接待活动中，违规组织或出入高档娱乐场所、休闲场所、洗浴会所、私人会所、高消费餐饮场所公款消费。

（6）经营活动中违规取得、持有、使用健身卡、娱乐会所和俱乐部会员卡、高尔夫球卡等，或以“公务接待”“商务活动”等名义，领取、发放、赠送上述卡。

（7）在经营活动中，到风景名胜区召开会议、举办培训班、组织旅游。

（8）在经营活动中，以举办会议、培训等名义列支、转移、隐匿接待费用，列支应当由接待对象承担差旅、会议、培训等费用。

（9）在举办经营会议期间，组织公款吃喝，向下级单位及其他单位、个人转嫁费用。

（10）在组织经营接待活动时，张贴悬挂欢迎标语，铺设迎宾地毯、陪同人数超标（接待对象10人以内的，陪同人数不得超过3人，10人以上的不得超过接待对象人数的1/3）。

（11）在经营活动中，公车私用、私车公养，或向下属、合作单位私借车辆使用、转嫁相关费用，或象征性付款公车私用。

（12）以经营名义组织、参加隐秘聚会，自发组织成立老乡会、校友会、战友会等。

### ▶ 典型案例1：公车私用及违规吃喝游玩

××局片区指挥部副指挥长李××，2017年1月至6月多次乘坐公车参加私人聚餐；同年6月24日中午，李××和经营人刘××、张××到下属公司检查时违规接受公款宴请、违规饮酒并收受礼品，午餐后乘坐公车到风景区游玩。对以上违反中央“八项规定”精神的行为，××局纪委给予副指挥长李××党内严重警告处分，给予刘××、张××党内警告处分，其他相关人员受到相应处分。

### ▶ 典型案例 2：违规报销费用

××局××公司，2015年在接受上级检查时，发现经营人员赵××报销中华香烟、茅台酒、娱乐休闲项目等发票，违反中央“八项规定”精神及《业务招待费管理办法》，后××公司对此事展开调查，责成报销人全额交回违规报销费用，并对相关人员给予相应处分。

### ▶ 典型案例 3：违反培训纪律及报销规定

2017年8月31日，××局黄××、路××两人在参加××培训中心举办的经营业务培训期间，擅自提前离开培训场所，赴张掖、嘉峪关、敦煌、西安等地旅游4天。发生的相关费用均用公款报销。在上级检查中被发现后，黄××、路××受到党内严重警告处分，报销的相关费用全额交回。

**▶ 典型案例 4：违规购买高档酒且虚报、瞒报**

2017 年 1 月至 6 月，×× 局公司总经理，安排经营部部长赵 ×× 用公款违规购买了 36 瓶茅台酒用于对外业务接待。2017 年 8 月，在 ×× 局安排部署的整治公款购买消费高档白酒过程中，该公司弄虚作假，隐瞒了经营部门违规购买茅台酒的问题。针对上述违规购买高档酒水和虚报、瞒报自查结果问题，对相关人员处理如下：赵 ×× 受到党内严重警告、行政记大过处分，并被免职；党委书记、总经理受到党内严重警告处分；纪委书记受到党内警告处分。对违规购买使用高档白酒的费用，由相关责任人承担。

**▶ 典型案例 5：违规接待、旅游**

中国铁路总公司通报几起违反中央“八项规定”精神的典型案例：郑州铁路局原局长张 ×× 因严重超标准公务接待、公款吃喝，给予党内严重警告处分；铁道党校常务副校长赵 ×× 因组织参加公款旅游，给予党内警告处分。

**2. 私设“小金库”**

（1）在经营活动中，经营人员超限额借支备用金、大额现金冲抵备用金、备用金长期挂账等，滋生挪用公款、公款私存廉政风险。

（2）将合作投标收取的相关费用，私设“小金库”或进行集体私分或个人贪污。

**▶ 典型案例 6：私设“小金库”**

2017 年 6 月 25 日，×× 局纪委接到员工举报，称其下属 ×× 公司经营部存有“小金库”，由经营人员张 ×× 保管。2017 年 6 月 30 日，×× 局纪委组成调查组进行了核实：×× 公司经营部张

××于2017年2月根据领导旨意，从下属A项目部采取虚列材料费形式提取资金50万元用于经营使用。截至2017年6月30日，由张××保管的50万元“小金库”资金经领导口头同意已使用36.8万元，用于处理无票费用，剩余13.2万元存在张××个人银行账户。分别给予××公司党委书记、总经理、总会计师党内严重警告处分，给予经营部部长行政降职处分，其他相关人员党内警告处分。

**3. 违规赠送礼品、礼金、有价证券等**

（1）经营理念陈旧，一味认为经营投标只有花钱才能办成事，极易引发企业廉政风险问题。

（2）在客户关系的建设和维护中，向建设方、招标单位、评委等相关方赠送礼金、贵重礼品、电子礼品、电子礼券、电子红包，因对方被举报调查牵涉出企业廉政风险问题。

（3）在客户关系的建设和维护中，向建设方、招标单位、评委等相关方赠送礼金、贵重礼品、电子礼品、电子礼券、电子红包，因对方向纪检组织或司法机关交代情况、上缴礼金礼品等，牵涉出企业廉政风险问题。

（4）在客户关系的开发和维护中，向建设方、招标单位、评委等相关方赠送礼金、贵重礼品、电子礼品、电子礼券、电子红包，因对方拒收或退回，经营人员隐瞒并占为已有。

▶ **典型案例 7：行贿**

××局指挥部经营人员王××，2014年4月至6月，在××客运专线项目招投标过程中，为承揽到该工程，先后三次向业主代表赵××赠送现金人民币50万元。后因赵××被查，王××被××人民法院认定构成行贿罪，判处有期徒刑五年。中铁××局依据法院判决书解除王××劳动合同。

▶ **典型案例 8：贪污公款**

××局办事处副主任胡××，自2013年6月至2014年10月，利用担任××办事处副主任的职务便利，先后两次采取虚报经营费用、截留中标奖励的手段，将公款9.2万元占为己有。2015年6月，胡××因犯贪污罪，被××省××市人民法院判处有期徒刑五年零六个月，没收违法所得9.2万元。2015年7月，胡××被单位开除党籍，解除劳动合同。

**4. 违规列支经营投标合作费用**

（1）合作投标，企业支付或收取相关费用后，因合作方被举报调查牵涉出企业相关廉政问题。

（2）企业合作投标支付或收取相关费用过程中，经营人员单独或伙同他人，采取支付多报、收取少报等手段，中饱私囊。

（3）违规合作投标，因投标结果不公平被举报或监管单位发现，引发企业廉政风险。

▶ **典型案例 9：收受他人贿赂**

2009年9月，××局××公司经营人员赵××利用代表中铁××局参加××省高速公路投标的职务便利，和中铁××局代表梁××相互串通，赵××按照中铁××局合作意向进行报价，最终使中铁建××局中标该工程。事后，赵××收受中铁建××局合作费用12万元，占为己有。赵××利用职务上的便利，为他人谋取利益并收受他人贿赂，其行为构成受贿罪，被法院一审判处有期徒刑十年。同年公司给予赵××开除党籍处分并解除劳动合同。

**▶ 典型案例10：串通投标**

××公司在2017年12月参与××市公共资源交易中心××建设项目施工招标过程中，被举报涉嫌串通投标，后经××省住建厅调查核实，××公司、××基础工程集团有限公司等6家单位在招标过程中投标文件制作机器码一致，涉嫌串通投标被当场否决。后根据国家法律规定，决定对××公司等6家企业分别处以罚款31万元、对串通投标严重的××建工第一建筑工程有限责任公司违法违规行为全省通报，在××省建筑市场监管与诚信信息一体化平台计入不良行为一次，清出××省建筑市场。

**5. 滥发经营奖励**

（1）在经营管理活动中，违规提取经营奖励，违规向经营人员发放奖金、津补贴等，侵害企业利益。

（2）年薪制领导人员违规领取经营奖励。

**▶ 典型案例11：违规发放奖金**

××局××公司2016年3月计算发放××地铁中标项目经营奖时，按《××公司营销管理办法》计算应发放奖励654328元，实际发放801955元，多计算近15万元。经检查发现后，责成扣回多计算的奖金，并分别给予公司经营部长、片区指挥长党内警告处分。

**▶ 典型案例 12：违规领取奖金**

2016 年 8 月，在对 ×× 局外部检查过程中，发现其下属三级公司总经理王 ×× 在 2015 年度先后四次领取经营投标奖励 30 万元、总经济师贺 ×× 先后四次领取经营投标奖励 26 万元，分管片区的副总经理刘 ××、张 ×× 等分别领取不等金额的经营中标奖金，违反了《×× 公司领导人员履职待遇规定》，×× 局分别对总经理王 ××、总经济师贺 ××、副总经理刘 ××、张 ×× 等 6 人给予党内严重警告、行政记大过处分，并责成交回领取的经营奖励。

### 6. 虚列经营费用

在经营费用报销过程中，以相关名义报销应由个人承担的费用，滋生职务侵占、贪污廉政风险。

**▶ 典型案例 13：违规报销费用**

2016 年 10 月 13 日，×× 局纪委接到员工举报，称其下属三级公司经营人员刘 ×× 于 2016 年 9 月 12 日晚邀请自己同学朋友 12 人在喜来登大酒店聚餐唱歌消费 8000 元。经核实，刘 ×× 于 2016 年 10 月 9 日报销一张金额 7688 元的喜来登大酒店餐费发票，为违规报销行为，给予刘 ×× 党内严重警告处分，调离工作岗位，并责成交回报销费用，同时给予相关人员相应处分。

### 7. 违规使用资质谋取私利

（1）未经批准，经营人员私用企业资质参与合作投标活动，并将收取的费用占为己有。

（2）经营人员利用工作之便，盗用企业资质参与合作投标或给其他单位使用，谋取私利。

**▶ 典型案例 14：利用职务之便谋取私利**

2015 年 3 月，×× 局经营部王 ××，利用其本人管理资质便利，未经公司同意，将企业资质私自转交给 ×× 路桥公司法人代表刘 ××，参加了 ×× 省高速公路投标使用（未中标），获取好处费 5 万元，占为已有。被查实后，责令刘 ×× 交回所收好处费 5 万元，并给予行政记大过处分，调离工作岗位。

**8. 违规内部经营**

在经营过程中，利用职务之便进行“内部经营”，对关系人给予“照顾”，滋生索贿、受贿、行贿廉政风险。

**▶ 典型案例 15：利用职务之便行贿**

×× 局 ×× 公司为了取得该局即将中标的 ×× 地铁工程分配份额，经 ×× 公司集体研究同意，安排总经济师赵 ×× 从 2015 年度截留的中标经营奖励中提取 20 万元，于 2016 年 3 月 15 日赠送给 ×× 局华南片区指挥部副指挥长王 ××。2016 年 4 月份在 ×× 局召开的 ×× 地铁工程项目内部任务分配会议上，经王 ×× 提议，最终决定由 ×× 局 ×× 公司承担该地铁工程项目 60% 的施工任务。后因王 ×× 案发，2017 年 3 月，×× 中级人民法院对王 ×× 一审判处受贿罪有期徒刑八年，没收违法所得 30 万元，×× 局依据法院判决书对王 ×× 开除党籍处分，解除劳动合同；对 ×× 公司涉及行贿的相关人员给予党内严重警告处分。

**9. 境外经营**

境外经营过程中，未按项目所在地政策法规、民族文化、风俗习惯等要求开展经营活动。

**▶ 典型案例 16：违规开展经营活动**

××局、××海外联合体在海外投标期间，因没有事先仔细研究当地法律、经济、政治环境等情况，中标海外××高速项目，造成××局与××海外联合体与海外××高速公路项目业主在2011年发生合同纠纷，业主针对联合体提起诉讼，涉及合同违约索赔、保函索赔等金额折合人民币约13.1亿元。经过多次开庭和漫长谈判，2017年4月最终达成和解协议，造成向业主额外支付人民币1892万元。

### （二）防控措施

针对以上廉政风险，结合典型案例与企业实际，制订如下措施，规避经营风险。

**1. 提高思想认识**

以习近平新时代中国特色社会主义思想为指导，通过集中学习、专题研讨、集中培训等多种形式，充分认识中央持续强力反腐的坚定决心，以及无禁区、零容忍、全覆盖查处腐败的高压态势。落实中央“八项规定”精神、持续纠治“四风”，站在政治纪律和政治规矩的高度，始终保持对党的纪律的敬畏和戒惧，在任何时候都要守住底线、不碰红线。

**2. 转变经营理念**

经营人员要树立正确的营销理念，转变“不送礼不能经营”的错误观念，规范市场营销行为，切实增强企业品牌和信誉意识，用过硬的产品质量和企业品牌开拓市场，靠实力、靠信誉赢得市场份额。

**3. 完善经营体系**

建立经营系统廉政风险防控体系，规避企业经营风险。一是健全经营领域各项工作制度，确保各环节受控；二是建立岗位权力和责任清单，规范各岗位履责；三是落实“三重一大”事项决策等制度，减少决策失误；四是把制度建设贯穿于廉洁风险防控的经营活动中，提升监督效果。

**4. 筑牢廉洁防线**

结合新形势下经营人员思想观念、价值趋向的变化，有针对性地开展主题教育活动，适时开展法制教育、廉政党课、廉政谈话、警示教育，并从典型案例中汲取教训，提高廉洁自律意识，经营人员要做到慎独、慎行、慎微，遵规守纪、严于律己，从思想深处筑牢廉洁防线。

**5. 树立纪律“红线”**

通过开展专题教育活动，做到经营靠品牌、接待有标准、投标走流程、自觉守纪律。组织典型案例教育，引导经营人员廉洁自律，注重自我约束，转变工作作风，树立纪律“红线”意识。

**6. 实施动态监控**

建立完善重大事项决策体系，落实“三重一大”事项决策制度，对决策全过程实施监督，防范决策风险，提高决策质量，及时掌握重大事项，实施动态监控，促进重大事项有序推进。

**7. 落实“一岗双责”**

经营系统要切实履行监督管理职责，认真落实党风廉政建设责任制，履行好“一岗双责”，看好“自己人”、管好“责任田”，确保党纪党规、法律法规和企业各项管理制度得到有效贯彻执行，确保企业诚信经营、合规经营，充分发挥系统监督作用。

**8. 严格遵纪守法**

认真组织学习《国家招投标法》等相关法律规定，提高遵纪守法意识，坚持合规经营、诚信经营、智慧经营，拓展纵横向产业链，实现合作共赢。

**9. 严禁违规接待**

贯彻落实中央“八项规定”精神，严格执行《业务招待费管理办法》，严禁组织或出入高档娱乐场所、休闲场所、洗浴会所、私人会所、高消费餐饮场所公款消费；严禁违规超标准接待、内部相互吃请；严禁购买、提供、报销香烟、高档酒水和高档茶叶等。

**10. 规范公务用车**

按照企业《公务用车管理办法》相关规定，严禁公车私用、“私车公养”；严禁向下属、合作单位私借车辆使用、转嫁相关费用，或象征性付款公车私用。

**11. 严格差旅费标准**

按照企业《差旅费管理办法》规定，严禁违规超标准住宿和安排他人超标准住宿；严禁违规超标准乘坐飞机、轮船、火车、高铁等交通工具。

**12. 严控费用报销**

按照企业财务报销制度规定，严格报销程序，认真审核，提高报销效率。

**13. 规范资质管理**

完善企业资质管理制度，规范过程管理，杜绝私用、盗用企业资质谋取私利的违法行为发生。

**14. 加强资金管控**

一是按照中纪委《设立“小金库”和使用“小金库”款项违纪行为适用〈中国共产党纪律处分条例〉若干问题的解释》和股份公司《关于进一步限期清理纠正“小金库”的通知》要求，不得私设“小金库”；二是按照《备用金管理办法》相关规定，及时报销费用，定期清理备用金。

**15. 杜绝滥发奖金**

严格执行《企业负责人履职待遇、业务支出管理办法》相关规定，年薪制领导人员不得违规领取年薪外收入。严格按照《经营中标奖提取办法》《营销人员薪酬管理办法》规定提取经营中标奖励，发放奖金补贴。

# 第五章

# 物资管理过程中容易发生的廉政风险及防控措施

在隧道与地下工程中，物资成本占项目施工产值的40%以上，物资管理水平对项目管理的重要性不言而喻，并且与工程技术、财务资金都密切相关，甚至决定项目的成败。同时，由于与经济关系密切，还需要企业与后台审计、监察、安全质量、法律法规等部门进行协同把关。经过梳理、辨识，企业物资管理过程中的廉政风险归纳为15个方面，59条，通过33个案例进行剖析。

## 一、计划提报不准确造成物资积压

### 1. 违规行为

（1）虚报采购计划，造成物资严重积压、浪费。

（2）虚报“需求计划”或采购申请，造成物资严重积压、浪费、变质、失效。

**▶ 典型案例1：计划不周导致库存积压**

××项目工程部在2016年3月下旬，根据项目经理部2016年4月至5月的施工计划计算物资计划时，由于对图纸设计数量计算不准确，审核不严，所提交的计划量超过了实际需求量，造成22毫米及32毫米螺纹钢严重积压、锈蚀。

### 2. 防控措施

（1）严格执行公司计划管理要求，定期对物资耗存情况进行统计分析，合理编制年度、季度、月度物资采购计划。

（2）严格审批制度，坚持物资总控台账管理。

（3）公司定期或不定期组织开展物资采购检查，重点关注采购计划程序是否合规、采购计划依据是否适当、采购计划分解是否到位、采购计划执行是否彻底、采购计划与其他计划是否协调等。

## 二、违规选择采购方式

**1. 违规行为**

（1）为规避招标，私下将招标项目总额拆分到规定招标的限额以下，利用掌握的物资采购权力谋取不正当利益。

（2）故意违反国家和公司有关招投标规定，应招标的项目不进行招标，将必须公开招标的项目擅自邀请招标或直接委托使内定“关系”中标，从中谋取不正当利益。

**▶ 典型案例 2：应招标不招标**

2015 年 10 月 28 日，××项目经理部与江西××贸易有限公司采购的装饰材料合同，结算金额 2483.47 万元，属应当招标采购，而未进行招标。

**▶ 典型案例 3：应公开不公开**

××公司 2017 年 3 月份计划采购钢材 1000 吨，预估金额为 400 万元，根据公司规定，该采购项目应依法公开招标。然而，4 月份，该公司却采用邀请招标的方式进行招标，并向 5 家意向单位发出了邀请招标文件。通过该程序，最终确定其中一家投标人为中标人，并准备与之签订合同。该公司实施采购的行为属于“依法应当公开招标而采用邀请招标的”。该公司钢材采购不符合邀请招标的实质性条件，属于违法行为。

**2. 防控措施**

（1）根据物资采购管理办法，明确公开招标、邀请招标、竞争性谈判、询价、单一来源采购的具体范围和规模标准。

（2）实行例外审批制度，对变更采购方式的需说明原因，由本级分管领导签认后报上一级采购管理部门批准。

## 三、违规设置不合理条款，排斥潜在投标人

**1. 违规行为**

（1）利用工作便利，指定唯一供应商或特定型号，选择与其有利益关系的产品，为特定关系人谋取利益。

（2）针对特定人提高或降低评标指标或资格准入条件；对潜在投标人实行歧视待遇；强制要求投标人组成联合体共同投标，或者限制投标人之间竞争。

（3）违规设置不合理的资质条件和废标条款，排斥潜在投标人。

**▶ 典型案例 4：排斥潜在投标人**

××工程项目招标人招标采购机电控制系统，招标人直接将某一知名品牌的机电控制系统技术规格抄写进招标文件中，对其他潜在投标人产品进行限制。

**▶ 典型案例 5：排斥潜在投标人**

××工程开关柜采购项目的招标文件，在“申请人条件”项目里有两项条款，“投标产品中的断路器、接触器、智能仪表、继电器

等元器件必须具有相应的使用业绩，其中主要元器件（断路器、接触器）必须是国际知名品牌（××牌或××牌）"，排斥国内其他同类产品参与竞争。

### ▶ 典型案例 6：有意降低注册资金门槛

××单位物资采购采用公开招标、资格后审方式招标。出于对××供应商的倾向，便按该供应商实际注册资金 50 万元，在招标文件中对资质条件中注册资金一项规定：采购物资预算金额为 64 万元，投标人注册资金不低于 50 万元。开标后经评标委员会审查，满足注册资金要求的投标人为 11 家，其中注册资金超过 500 万元的为 6 家。在评标过程中，经过采购人暗示，该供应商最终中标。

### ▶ 典型案例 7：设置非关键性废标条款

××单位物资采购招标，招标方式为公开招标。招标文件中要求投标保证金按包件分别递交，废标条款中同时规定未按照要求递交投标保证金的按废标处理。接收投标文件时，××投标人在四个包件中同时参与投标，但只准备了一张支票，金额虽同时满足四个包件的保证金额度要求，都被代理机构工作人员以保证金不符合招标文件规定，没有分包件递交为由拒绝接收该投标人的投标文件。事后该投标人提出质疑，认为招标代理机构以非实质性条款为理由拒绝投标。

其他类似条款如：要求投标文件封皮、封底颜色统一，要求将不同采购文件分别密封，要求必须胶装而不能用其他装订方式、投标文件必须用代理机构出售的统一标准的文件袋或硬纸箱、要求密封材料是胶带而非胶水等。这些条款对无关于采购项目本身的要求会给招标带来更多的麻烦。

**2. 防控措施**

（1）发布物资采购招标文件范本，要求并结合实际编制招标文件。

（2）招标文件合理设置资格条款和准入条件。

（3）上级物资部门参与招标文件审查，重点对废标条款、资质条件、评标细则等进行审查。

（4）资格预审文件、招标文件应对废标条款予以说明，并以醒目方式提示。

（5）严格执行招标文件备案制度，招标文件及时上报。

## 四、不发布或违规发布招标公告，时间设置不合规

**1. 违规行为**

（1）应当发布招标公告而不发布。

（2）不在指定媒介发布招标公告。

（3）发布公告的期限小于规定的时间，招标文件出售时间小于规定时间，超出招标（资格预审）文件递交期限接收投标文件（资格申请文件）。

（4）招标文件定价过高，以出售招标文件获利。

（5）未按规定收取投标 / 履约保证金。

**▶ 典型案例 8：不按规定时间发售招标文件**

××项目物资招标，招标人在国家指定媒体上发布招标公告，定于 2017 年 7 月 24 日 10:00 至 7 月 27 日 17:00，在项目经理部会议室发售招标文件，违反了招投标法规定“招标文件发售期不得少于 5 日”的规定，被投诉。

**▶ 典型案例 9：售卖标书获利**

在 ×× 市招标采购监管部门组织的一次供应商座谈会上，招标文件的售价问题成了供应商们热议的话题。甲供应商称："有的代理机构招标文件收费太高了，上个月我们参加了一个 100 万元的标，招标文件要 2000 元。"乙供应商说："你这个不算贵的，还有 3000 多元招标文件，反正都是招标公司说了算，你想投标，就必须接受他们的苛刻条件。"丙供应商谈的情况更是令人吃惊："我参加过一个标，一个包件的招标文件就是两千，七个包件下来就花了一万多。"有的供应商还算了一笔账，个别代理机构通过出售招标文件就可以获利百万元。

**▶ 典型案例 10：未按规定收取履约保证金**

×× 项目 ×× 分部 2017 年 8 月与太和县 ×× 建材公司签订碎石合同，价款 129 万元……合同条款 2.2 条约定合同履约保证金为合同总价款的 3%，但实际过程中并未按规定缴纳。

**2. 防控措施**

（1）按国家相关政策、法规或建设单位的要求在规定的媒介上发布招标公告。

（2）加强对招标项目发布情况管理，特别是非鲁班电商平台招标的备案、检查和考核。

（3）合同签订前，严格按照约定审核履约保证金缴纳情况。

## 五、违规透露保密信息

**1. 违规行为**

（1）透露投标资格申请人名单。

（2）透露通过资格预审及购买招标文件的单位名称。

（3）透露标底。

（4）泄露专家名单等信息，或有倾向性地选择专家。

**▶ 典型案例 11：违规透露标底**

2001 年 8 月至 10 月，时任 ×× 会计事务所的杨 ×× 获悉 ×× 车站要进行装修改造，通过种种渠道被聘为中国 ×× 银行造价咨询中心工程师，并负责 ×× 车站消防改造装饰工程标底的编制。×× 市装潢公司负责人周 × 找到杨 ××，先后向其支付好处费 15 万元以换取其透露工程的 A、B 段标底。同期，×× 建筑工程公司项目经理熊 ×× 也付给杨 ×× 好处费 2 万元，要求其在开标前透露工程 D 段标底。经审理查明，杨 ×× 以职务之便将装修工程的标底透露给投标人，并从中收取 17 万元好处费，被法院以受贿罪一审判处有期徒刑 11 年。

**▶ 典型案例 12：违规泄露专家名单**

张 ×× 系 ×× 市招投标管理局原交易中心负责人，作为招投标管理局交易中心负责人，张 ×× 多次将评标专家名单从窗户扔给行贿人：2011 年 11 月，×× 县“×× 工程”进行招标，郭 × 借用 ×× 建筑安装公司的资质报名参与竞标。郭 × 通过中间人找到张 ××，希望其能够透露哪些专家参与评标。由于参评专家由张 ×× 用电脑随机抽取，开标前一天晚上，郭 × 约张 ×× 吃饭，并约定结果产生后由张××把专家评委的手机号写在纸条上从窗口扔下，郭×则在办公室窗户下等着。

开标当日7点，张××随机抽取了四位评标专家，并把其中的两位评标专家的手机号码写在一张纸条上，趁周围人不注意将纸条扔到窗外。捡到纸条后，郭×急忙与两位评标专家联系，见面后，郭×给两名专家每人塞了2000元和一张纸条，纸条上写着郭×所挂靠的公司名称，两名专家收下后郭×的公司顺利中标，为表示感谢，郭×将2万元现金装在茶叶盒内送给了张××。经法院审理查明，张××利用职务便利通过此种方式先后收受他人财物8.99万元，被法院判处有期徒刑5年。

**2. 防控措施**

（1）严格执行保密制度。

（2）控制标底知悉人数。

（3）缩短签封标底和开标的时间差。

（4）为防止标底泄密而影响公开竞争，在开标同时公布标底。

（5）加强标底编制过程监督。

（6）专家抽取人员要公平、公正。

（7）从各级专家库中抽取专家时，监督部门现场监督。

## 六、互相串通操纵招评标结果，为谋私利评委倾向性评标

### 1. 违规行为

（1）与投标人串通设置标底。

（2）与招标代理机构、投标人串通，操纵招标结果。

（3）与评标人员串通，操纵评标结果。

（4）有意缩短评标时间，引导评标人员评审打分。

（5）暗示评标人员评审打分。

（6）评标人员收受投标人财物或者其他好处，进行倾向性评标。

（7）评标人员收受投标人财物或者其他好处，向他人透露对投标文件的评审和比较、中标候选人的推荐以及评标有关的其他情况。

**▶ 典型案例 13：投标人之间相互串通投标**

（1）×× 公司设备采购招标，在开标现场发现 2 个投标人的联系人为同一电话号码、名字为同一个人，经过与投标人进行联系确认后，投标人自己承认代理 2 家生产商的设备，经过评标委员会评审，按照法律规定取消 2 个投标人的投标资格。

（2）×× 公司施工招标，评标过程中，评标委员会专家发现 3 个投标人的纸质投标文件内容关键环节一致性比较高，投标文件电子文档属性显示：3 个投标文件为同一作者制作、最后一次保存日期为同一天、最后一次打印时间为同一天且彼此相隔不到 10 分钟，三份投标文件中相对应部分内容的标点符号及错别字都惊人的一致，经过评标委员会评审，按照法律规定取消 3 个投标人的投标资格。

（3）×× 公司设备招标，在进行资格审查时，评标专家发现在某一标段，3 家投标人用同一传真号码一次将 3 家投标单位的资格

预审文件传到招标公司，资格预审委员会按照法律规定直接取消3家投标人的投标资格。

（4）×× 公司工程设计招标，招标公司在查看保证金时发现，有2家投标人的保证金从同一人的私人账户汇出，评标专家确认保证金汇款底单后，经过评标委员会评审，按照法律规定取消这2家投标人的投标资格。

### ▶ 典型案例14：招标人与投标人相互串通投标

（1）×× 公司工程设备招标，在评标委员会进入评审阶段时，招标人代表介绍该项目前期准备情况，重点介绍了某设备厂家的实地考察、该厂家的设备业绩、优点等情况；要求对该厂家给予关照，经过评标专家的评审后，推荐该厂家为中标候选人，引起其他投标厂家的投诉。

（2）×× 公司物资招标，招标人代表在评标过程中，为了让 ×× 贸易公司中标，与评标专家反复沟通、劝说，让评标专家故意给该单位打高分，最终该单位以微弱优势排名第一，评标委员会按照排序向领导小组推荐了中标候选人，引起其他投标厂家的投诉。

（3）×× 公司物资招标，有7家投标人进行投标，其中有招标人常年的供货商A。经评审，供货商B排名第一，供货商A排名第二。招标人代表私下找到供货商B，明确告知供货商B即使其中标，招标人也不会与其签订合同；即使签订合同也不会按期汇款等，劝供货商B主动退出投标，由供货商A补偿供货商B的经济损失，并给予适当补偿。供货商B在仔细衡量后，放弃了中标资格，同时向主管部门进行了投诉。

（4）×× 公司物资招标，经评标委员会评审后，通过评审的5家贸易公司，其中K公司，是本项目前期临供方，与招标人保持着良好的合作关系。K 公司主动与招标人联系后，招标人代表将其他 4 家投标单位的名称、联系方式等全部提供给 K 公司，最终 K 公司获得中标资格，引起其他投标供方的投诉。

**▶ 典型案例 15：评标专家为满足招标人的要求修改评分表**

××公司物资招标，评标委员会按照招标文件规定的标准进行评审，招标人代表知道排名后，向本单位相关领导进行汇报，招标单位不同意排名第一的候选人，招标人代表反复做通每个评标专家的工作，评标专家重新进行了打分，向招标领导小组推荐招标单位满意的候选人，引起其他投标供方的投诉。

**2. 防控措施**

（1）制定科学合理的资格预审条件，加强资格预审，尽可能让符合条件的企业都参加投标，扩大竞争的充分性和范围。

（2）科学选择评标办法。

（3）建立供应商评价体系和不良企业限制交易制度，对有围标、串标等不良记录的企业列入“黑名单”，限制其投标。

（4）有条件的实行异地评标。

（5）评标时，所有评标人员和工作人员的通信工具必须全部交由监督部门工作人员保管，或者对招评标场所的通信信号进行屏蔽。

（6）规范与会各方人员言行，防止暗示、诱导、引导评标。

（7）合理确定评标时间。

（8）监督部门及时做好现场开评标监督工作。

（9）加强对评标人员的管理，实行严格的回避制度、保密制度和不良行为记录制度。

（10）在招标文件中合理确定评标方法和具体评标标准。

（11）评标人员进入评审现场后，切断其与外界的联系，保持在相对封闭的环境中评标。

（12）监督部门及时做好现场开评标监督工作。

## 七、违规确定中标人

### 1. 违规行为

（1）无正当理由，未按评标委员会推荐的中标候选人顺序确定中标人。

（2）在评标委员会依法推荐的中标候选人以外确定中标人。

（3）必须进行招标的项目被评标委员会废标后自行确定中标人。

**▶ 典型案例 16：违规选择第三名中标候选人中标**

××公司南昌项目物资招标，经评标委员会评审，推荐了前三名供应商。但该项目负责人，以照顾地方关系为由，直接与第三名签订合同。

**▶ 典型案例 17：未按规定公示直接确定中标人**

××公司通过招标投标活动进行钢材采购。有9家物贸公司参与投标，评标委员会根据招标文件的评标标准和方法，确定了3家物贸公司作为中标候选人，且依次排序，提交给××公司。××公司在收到中标候选人名单后，未经公示，确定排名第一的中标候选人中标，并直接向其发送了中标通知书。

**▶ 典型案例 18：废标后自行确定中标人**

××项目对其所需钢材进行公开招标。报名投标的供应商有3

家，开标后，虽然供方报价比较合理，但由于3家供应商投标文件均出现重大偏差，该包件被废标。由于该项目施工工期紧张，重新招标可能会耽误施工，该项目认为虽然被废标，但第一名报价比较低，便直接与第一名签订合同，不再招标。

**2. 防控措施**

（1）对中标结果有重大争议或重大改变的项目，报公司并按批复文件执行。

（2）加强对评标报告备案审查管理。

（3）无正当理由，不得否定评标委员会的结论。

（4）被评标委员会废标的项目必须重新组织招标，监督部门有效发挥制止权，对定标结果进行监督。

## 八、采购人员与供应商内外勾结，损害公司利益

**1. 违规行为**

（1）询价采购时，采购人员给有关供应商泄露采购信息。

（2）询价采购时，采购人员与供应商相互勾结，哄抬报价，购入物资的价格明显高于当地同类产品价格。

（3）询价采购时，采购人员弄虚作假、透露或更改其他供应商的报价，使与其有利益关系的供应商中标。

（4）谈判采购时，针对特定人提高或降低资质条件和技术指标；对潜在谈判对象实行歧视待遇。

（5）泄露谈判秘密，造成企业在谈判过程中被动，损害企业利益。

（6）为有利害关系的供应商修改谈判文件，帮助其成交。

（7）“暗箱操作”，篡改其他供应商报价，帮助有利害关系的供应商

中标。

**▶ 典型案例 19:“暗箱操作”帮助供应商中标**

××项目通过竞争性谈判方式采购某物资。一共有 5 家供应商参与谈判，其中 A 供应商与本项目物资部部长在其他项目曾经有过合作，在谈判前一天 A 供应商找到该物资部部长，让其帮忙在最后一轮谈判时将其安排到最后一家谈判，并将前 4 家最低报价告知一下，同时承诺如若中标将表示感谢。在最后一轮谈判时，该物资部部长将其安排到最后一名进行谈判，并借口上厕所将前 4 家的最低报价告知 A 供应商，最终 A 供应商中标。

**2. 防控措施**

（1）加强物资市场调查，合理确定采购资格条件。

（2）实行谈判文件内部评审制度，集体确定谈判文件，并形成相关记录。

（3）谈判小组成员集中与单一供应商分别进行谈判。在谈判中，谈判小组成员不得透露与谈判有关的其他供应商的技术资料、价格等信息。

（4）在谈判会场收缴通信工具、统一保管，防止内外勾结。

（5）谈判期间，禁止谈判小组成员随意活动，禁止非谈判工作人员出入谈判会场。

（6）谈判文件如有实质性变动，须经谈判小组三分之二以上成员同意并签字确认后，由谈判小组以书面形式通知所有参加谈判的供应商。

## 九、不按规定程序签订合同，擅自变更合同内容

### 1. 违规行为

（1）与中标人不按照招标文件和中标人的投标文件订立合同，重新与其订立背离合同实质性内容的其他协议。

（2）擅自变更合同内容，给公司造成经济损失。

（3）未经授权或批准，擅自超越权限签订合同。

（4）未经审批擅自调整合同单价。

（5）违规签订开口 / 敞口合同。

**▶ 典型案例 20：合同签订不规范**

（1）×× 项目物资采购基本都通过招标采购，物资采购合同经过了项目和公司两级合同评审会签，但在合同签订方面，存在签署不规范、无授权委托书、无合同签订日期等问题。

（2）×× 项目经理部与物资供应商共签订合同 29 份，合同条款中关于生效及失效的条款约定："本合同自供、需双方的法定代表人或法定代表人的授权人签字并加盖单位公章或合同专用章之日起生效，至合同双方责任和义务履行完毕之日止。" 合同签订日期：空白的 15 份，无法确定合同生效时间。

**▶ 典型案例 21：先供货后签合同**

×× 项目经理部于 2014 年 6 月 25 日招标，完成招标上报公司审批时间是 2014 年 9 月 1 日，而根据 ×× 项目部物资供应台账显示，×× 贸易公司于 2014 年 4 月 17 日就开始供应，存在先供货后签合同现象。

### ▶ 典型案例 22：签订开口合同

××铁路项目2工区、××轨道交通××标存在合同中仅约定采购单价，无数量和总价情况，合同内多处关键信息空白、供应商未提供委托书、部分材料结算价高于合同价、合同封闭错误等情况。

### ▶ 典型案例 23：擅自调整合同单价

（1）××项目一分部2016年6月（转账0039号凭证）××商行供应的二三项材料中，电缆线3×6+2RWW采购价为26元/米，合同报价为16.4元/米；电缆2×10采购价为22.1元/米，合同报价为16.2元/米。

（2）2016年8月14日，××公路×标项目经理部组织对预应力混凝土管桩进行竞争性谈判，根据最低价和业主准入确定供应商原则，经评标小组讨论决定××管桩有限公司为中标人，中标84.5元/米，中标总价15098375.5元。但在合同签订时，约定2016年9月21日前执行此价格，9月21日之后执行90.5元/米的价格，无集体研究和调价的支撑性依据。

### ▶ 典型案例 24：未按合同价格结算

××项目经理部通过招标，与××贸易有限公司、南昌市××公司签订采购合同。根据两份合同的第二条物资名称、规格、供应单价、要求等详见附表……供货单价在项目存续期间原则上不做调整。但在抽查中，××贸易有限公司的手套、卷尺、割枪，南昌市××公司的钢丝钳、尖嘴钳、斜口钳、军大衣、螺丝刀等价格均高于原合同价，未按照合同价格执行。

**2. 防控措施**

（1）严格执行合同两级评审会签制度，评审时着重审核有无实质性条款变更。

（2）通过成本管理系统建立合同网上审批会签流程，记录每位审批用户的修改内容，分清责任。

（3）制定合同审批流程和修改权限，防止会签后的合同内容再发生变化。

## 十、违规验收

**1. 违规行为**

（1）发现购进的物资数量、重量、规格、型号不符合合同规定却没有采取措施，接受不符合合同要求的标的物。

（2）相互串通，或以少报多，或提高材料物资等级，或无中生有，贪污材料物资，谋取私利。

（3）谋取私利，发现购进的物资质量不符合标准或要求，不及时采取措施或隐瞒不报，给公司造成经济损失。

**▶ 典型案例 25：未按物资验收制度或合同约定进行验收**

××铁路×标项目部，2016年9月30日浙江××物资公司送工字钢I 18（20.96吨）实际过磅18.745吨，理论重量与实际过磅相差2.077吨，超出国家允许范围，造成损失。2016年9月29日浙江××物资有限公司送工字钢I 18（21.729吨）实际过磅19.62吨，理论重量与实际过磅相差2.109吨，超出国家允许范围，造成经济损失。

**2. 防控措施**

（1）严格执行验收流程，按照“谁验收、谁签字、谁负责”验收责任制度，并出具验收记录。物资的验收由验收人员主导，会同仓储人员、使用人员和采购人员多人共同验收，对收到物资的数量和质量进行检验。

（2）验收过程中如发现所载的物资与《送货单》《合同》所载内容不符，应通知采购人员及相关部门处理。

（3）现场物资部门根据物资的重要性及特性等，适时召集使用部门及其他有关部门，按照所需物资制定“物资验收规范”并组织验收。验收结果作为结算依据。

（4）对重要材料检测采取第三方检测的办法，由专业检测机构进行检测。

## 十一、违规发放物资

**1. 违规行为**

（1）故意多领少用，领而不用，据为己有或变卖私吞，进行贪污。

（2）涂改领料单数量、型号，进行贪污。

**▶ 典型案例 26：材料发放签字不合规**

（1）××项目经理部 2013 年 10 月转账 4 号，列指挥部转套靴和绝缘卡等材料 572 万元，凭证附件收料单业务主管、交料人、库管员均由一人笔迹填写，违反物资管理岗位职责分离原则。

（2）××项目经理部 2010 年 12 月转账 84 号，列局材料厂转 12 月份材料金额 271 万元，局材料厂发料单与三分部库管员为同方一人签字，违背采管分离和基本原则。

（3）××项目经理部 2010 年 12 月转账 94 号，结转 12 月领用材料，其中发料人樊 ×× 同时又作为领料人签字，存在重大的管理漏洞。

**▶ 典型案例 27：发放材料不登记，谋取私利**

某项目因资金紧张，欠砂石料供应商货款，经与供应商协议一致同意其拉砂石料的车辆在项目加油，最后结算时从货款中予以扣除。在此过程中，该项目材料员为谋取私利，收受司机好处，多次加油未登记，给项目造成损失。被发现后，该材料员被严肃处理。

**2. 防控措施**

（1）严格执行定限额领料和领料审批制度。

（2）定期对物资领用、使用情况进行检查。

（3）使用多联式领料单，领料人、制单人和发料人由不同人员担任，并签字留存。

（4）定期对仓库物资进行盘点，对盘亏物资及时查找原因。

## 十二、物资保管监守自盗

**1. 违规行为**

（1）利用保管物资之机，偷梁换柱，以次充好，以贱充贵，贪污材料物资。

（2）利用材料物资保管中的“自然损耗”或借口“大秤进、小秤出，难免损失”报损，贪污材料物资。

（3）盘盈物资不入账，据为己有，或变卖私吞。

（4）故意制造盘亏，将库存物资盗用贪污。

**2. 防控措施**

（1）定期和不定期地组织有关部门对库存物资进行盘点，盘点结束后，应出具盘点报告，如实上报盘盈盘亏情况。重视物资盘亏、报损情况，认真分析并查明原因。

（2）盘点物资时，盘点人应按事先确定的方法进行盘点，应依据盘点实际数量作翔实记录。

（3）盘点结果必须经有关人员当场签名确认。

## 十三、分包方物资管控不到位，给企业造成损失

**1. 违规行为**

（1）对分包方领用并应由其承担的材料费用少扣、漏扣，给企业造成损失。

（2）根据工程分包合同条款，未对其领用材料进行节超考核，给企业造成损失。

（3）与分包方暗中勾结，少签多领，挪用倒卖。

**▶ 典型案例 28：应扣未扣分包方材料款**

××项目经理部一工区应扣未扣××劳务有限公司等单位 3.2 万元。四工区应扣未扣××建筑公司等单位 9.71 万元。

**▶ 典型案例 29：分包方未进行材料节超考核**

2017 年 3 月，××工区与××劳务有限公司签订施工场地临建工程合同，暂定总额 200 万元，根据合同约定第七条："进入实体的主要材料由发包人组织供应或指定供应商的材料及地材由甲方按材料应耗量限额供应……超出应耗量部分按甲方实际购买价扣收乙方材料超耗费用。"截至 2017 年 12 月 25 日第 7 期计价，累计计价 191.76 万元，未显示材料考核扣款。

**2. 防控措施**

（1）项目物资部门参与工程分包合同评审并严格执行合同条款。

（2）项目物资部门加强物资收发存管理，实行多级复核审批制度。

## 十四、违规处理废旧物资

**1. 违规行为**

（1）未经审批私自出售废旧物资。

（2）对未经鉴定，尚可使用的物资或未达到报废条件的物资进行虚假报废。

（3）"暗箱操作"，低价出售废旧物资。

（4）在清点废旧物资数量或过磅过程中弄虚作假，多卖少计。

（5）废旧物资处理资金，未及时上交财务部门，挪作他用或私设"小金库"。

**▶ 典型案例 30：废旧物资先处理后上报，处理款未及时上缴财务**

××项目经理部，2014 年 7 月 5 日处理一批废钢材，上报公司时间为 2014 年 7 月 15 日，公司批准时间为 2014 年 7 月 17 日，且处理过程中未见过磅计量单。废旧物资处理缺少询价记录，处理款项未及时交回。2016 年银收 4 号，收售废钢铁款 18707 元。凭证附件售料单 1 月 8 日处理款 2145 元，1 月 10 日处理款 6669 元，1 月 12 日处理款 3549 元，在 1 月 18 日才集中交回，现金游离在单位账外最长达 10 天。

**▶ 典型案例 31：违规处理废旧物资**

××项目经理部 2014 年 9 月 26 日“报废（结余）物资处理报告”中有多家收购商报价，但实际收购方王××不是报价商中的人员。

**▶ 典型案例 32：挪用废旧物资处理款**

××公司，××铁路项目卖钢筋 3 次，收入合计 1600 元，用于聚餐买水果支出 1310 元；××铁路项目卖钢筋 2 次，收入合计 3560 元，用于聚餐支出 3180 元。

**2. 防控措施**

（1）项目部加强门卫管理，凡没有物资等部门签字的拉运废旧物资车辆一律不予放行。

（2）施工过程中，物资部门人员加强现场巡查，掌握基层废旧物资回收利用情况。

（3）建立废旧物资收集台账，并做好记录。

（4）成立废旧物资处理小组，由相关人员参加。

（5）认真填写《废旧物资移交登记表》并注明废旧物资鉴定委员会的鉴定结果。

（6）对市场同类物品的收购价进行充分的调查、摸底，预测其大致趋势和走向，合理确定底价。

（7）处置前向公司报送处置方案，明确处置预估数量、金额等，待公司审批同意后方可处置。

（8）组织项目相关人员对废旧物资运输车辆从入厂、过磅、装车、出厂进行监督。

（9）实行押金预收制度，回收资金直接上交财务，经办人员不经手现金业务。

## 十五、违规支付资金

### 1. 违规行为

（1）恶意拖延支付时间或将资金优先付给与自己利益关系的供应商。

（2）质保期未到期或质保期间发生问题未进行处理，提前办理了质保金支付手续。

（3）物资质量、数量验收结果不合格或未进行质量验收，提前付款结算。

（4）不按合同规定，多付或提前支付货款，给企业造成损失。

#### ▶ 典型案例 33：超合同比例支付

××分部 2018 年 1 月 24 日支付××工贸公司模板款 70.22 万元，该公司于 2018 年 1 月 11 日结算 78.02 万元，付款比例 90%，超过合同约定 70% 的支付比例。

**2. 防控措施**

（1）完善内控管理制度，明确付款控制流程。

（2）财务部门将收到的购货发票、验收证明、结算凭证与购货订单、购货合同等进行复核，检查其真实性、合法性、合规性和准确性。

（3）明确质保金期限和支付程序。

（4）在合同中明确质保期和缺陷责任认定。

# 第六章

# 设备管理过程中容易发生的廉政风险及防控措施

随着科学技术的发展，施工设备管理在企业生产经营中不仅能够提升施工效率、保障工程质量、施工安全，而且能实现人性化管理。因此做好设备管理工作，提高设备利用率，是企业提质增效的手段之一。经过梳理、辨识，企业设备管理过程中的廉政风险归纳为6个方面，33条，通过34个案例进行剖析。

## 一、设备采购

### 1. 廉政风险

廉政风险包括：设备无计划采购，设备采购应招标未招标，招标程序不规范，评标资料不齐全，招标结果确定依据不充分，拆解合同等。

**▶ 典型案例1：招标采购资料不完整**

××项目2014年5月对降排水潜水泵进行招标，参与投标的有江苏××公司、郑州××公司、上海××公司等4家公司，但未见评标资料，仅有报价资料，最终确定郑州××公司中标价值26.55万元，招投标程序不完整，价格形成依据不足。

**▶ 典型案例2：设备购置计划执行不严**

××项目经理部设备购置计划审批程序执行不严，存在超计划和无计划购置情况，其中：2013年3、4月，项目经理部上报购置7.5kW污水泵4台，实际购置10台，比上报购置计划多6台，合计1.94万元；2012年至2013年，项目经理部购置3kW～4kW水泵和潜水泵共计 13 台，合计 1.99 万元，均无上报审批单，属无计划购置。

**▶ 典型案例 3：招标人员疏忽，资格审查不严**

2017 年 1 月 23 日，×× 项目管片模具开标，投标人分别是：杭州 ×× 公司 770 万元、陕西 ×× 公司 819.8 万元、沈阳 ×× 公司 600 万元、北京 ×× 公司 808 万元，最终确定陕西 ×× 公司中标。但陕西 ×× 公司的投标文件缺项，未按招标文件要求提供财务报告及报表等证明文件。

**▶ 典型案例 4：加价采购配件**

×× 项目经理部未经过招标，以供应商垫资为由，擅自通过竞争性谈判，与洛阳 ×× 公司以市场基准价格上浮 15% 的方式签订合同，同时指定厂家配件按市场基准价格上浮 25% 的方式签订采购合同。

**2. 防控措施**

（1）认真学习施工设备采购管理相关规定，严格按照《施工设备集中采购管理办法》执行，加强对设备采购程序监督检查，对无计划采购情况责任人进行处罚。

（2）完善设备及配件采购相关规章制度及管理办法，做到有法可依、有规可循。集团公司发布的《机械设备管理规则》中已增加设备配件相关管理规定。

（3）加强对招标采购过程记录的完整性、可行性审核，多部门参与，并对其合规性进行监督。

（4）适时对招标从业人员履责意识进行教育，按照招标文件要求，做好投标人资格审查。

（5）当合同实质性内容变更时，应重新组织评审、报批或招标。

## 二、设备租赁

### 1. 廉政风险

廉政风险包括：租赁设备未履行上报审批程序，按照管理范围，应报集团公司审批的未上报；先租设备后报租赁请示。

**▶ 典型案例5：租赁请示应报上级公司，实际未报**

××指挥部存在设备租赁请示未上报。经统计，未上报审批的月租合同5份，共计金额52.89万元。

**▶ 典型案例6：应报集团公司租赁请示未报批**

××项目二工区与××公司签订机械设备租赁合同，租赁混凝土喷射机组1台（型号:HPS3016S），租赁单价9万元/月，累计结算58.8万元。未按《工程项目社会资源设备管理办法》要求报集团公司审批。

**▶ 典型案例7：先租赁设备后报批**

××项目一、二工区均存在先施工后签合同的现象，如租赁××混凝土输送泵，合同签订进场时间为2011年6月1日，而公司批复时间为2011年6月9日；租赁××自卸车，合同签订时间为2011年3月20日，公司批复时间为2011年4月28日等。

**▶ 典型案例8：设备租赁招投标流于形式**

××项目二分部设备部报送混凝土泵租赁报价记录显示，未能严格按照招投标流程执行，报价单显示深圳 ×× 商砼公司、深圳 ×× 机械租赁公司、深圳 ×× 机械设备公司共 3 家，最终选择深圳 ×× 机械设备公司中标，未能形成有效书面文件，无相关评标记录，无法追踪投标单位信息，未形成信息归档留存，参与招投标的人员缺乏责任意识。

**▶ 典型案例 9：外租设备无准入手续**

×× 项目存在部分外租供应商不在《设备租赁合格供方名录》内，也无外租准入手续。如：二工区出租方 ×× 个人挖掘机，租赁单价 3.9 万元 / 月，结算金额 14.87 万元。三工区出租方长安 ×× 设备租赁服务中心，混凝土输送车租赁单价 2.7 万元 / 月，挖掘机租赁单价 3.2 万元 / 月，累计结算金额 341.44 万元。

#### 2. 防控措施

（1）认真学习施工设备租赁管理相关规定，严格按照《工程项目社会资源设备管理办法》及子公司相关文件规定，履行设备租赁程序。

（2）根据项目施工安排，提前上报施工设备租赁请示。

（3）按文件要求选择租赁供方，对于不在合格供应商范围内的，应履行供应商评价程序，评价合格的方可租赁。

（4）当租赁设备需招标时，应执行招标程序。

## 三、设备验收

#### 1. 廉政风险

廉政风险包括：进场设备未履行验收程序，对设备性能、机况、手续等把控不严，导致进场设备不能满足施工需要。

**▶ 典型案例 10：进场设备报验资料不完整**

××盾构工区设备进场报验资料和台班记录缺失：未对进场设备进行报检，也未对台班进行记录等。其中：自购小型设备 199 台套，仅有 9 台套有台班记录和进场报验资料，其他 190 台套均无台班记录和进场报验资料；外租设备 194 台套，共有 9 台套无进场报验资料，不符合集团公司《工程项目社会资源设备管理办法》第十二条“进入施工现场的社会资源设备均须受控，在进入施工现场前进行查验报检并形成记录”规定。

**▶ 典型案例 11：设备进场验收敷衍了事**

2015 年 4 月，××项目三分部对于调入的设备东风小霸王洒水车、东风福瑞卡油罐车在进场验收单中记录的验收情况均为车况良好，验收合格，同意进场。但 2015 年 12 月项目却将上述两台车以车况差为由申请报废，并最终以处理废旧物资的形式处理。

**▶ 典型案例 12：特种设备进场未按要求验收**

××项目塔吊进场后，在未按要求进行验收情况下，委托安装单位进行塔吊安装，存在较大安全管理风险。

2. 防控措施

（1）认真学习施工设备现场管理相关规定，施工设备进入现场前，应进行查验报检并形成记录。

（2）严格履行设备进场验收程序，确保进场验收资料真实有效。

（3）特种设备进场须履行设备进场验收程序，并执行《特种设备管理办法》相关规定。

## 四、合同签订

### 1. 廉政风险

廉政风险包括：合同条款不严谨，先结算后签订合同。

**▶ 典型案例 13：先结算后签合同**

××指挥部与成都××机械租赁公司签订的租赁合同，最早合同签订时间为 2013 年 1 月 9 日。经查阅结算资料，发现在 2012 年 12 月 10 日至 31 日期间，已结算 3 号、4 号的挖掘机租赁费 4.34 万元，结算 1 号挖机、2 号挖机、6 号挖机、8 号挖机、9 号及 15 号压路机、10 号推土机租赁费 12.99 万元，租赁合同签订时间滞后。

**▶ 典型案例 14：租赁合同签订不严谨**

××工区设备租赁合同缺少合同签订时间和甲乙双方签字、盖章等。如租赁××挖掘机合同，同一个租赁事项签订 2 份合同且签订时间不一致，并且出现甲乙双方签订时间相差 1 年；如租赁××挖掘机，第一份合同甲方签订时间为 2011 年 3 月 28 日，乙方签订时间为 2010 年 3 月 27 日，第二份合同甲方签订时间为 2011 年 3 月 27 日，乙方签订时间为 2010 年 3 月 27 日。

**▶ 典型案例 15：合同评审流于形式**

××盾构机租赁合同，合同评审人员张××评审意见："设备退场装车应由甲方负责，此时甲方有起吊设备，装车方便"，但合同未按要求进行完善。

**▶ 典型案例 16：拆解合同，规避监管**

按公司管理要求采购合同 30 万以上需报上级单位审核。如 ×× 公司分别于 2018 年 5 月 16 日、6 月 12 日与 ×× 商贸公司签订配件采购合同，合同编号：20180402—040（合同额：27.8 万元），合同编号：20180604—064（合同额：28.6 万元），故意拆解合同，规避监管。

**2. 防控措施**

（1）认真学习合同管理相关规定，按照股份公司合同范本要求签订合同。

（2）履行合同评审手续，及时签订合同。

（3）规范合同管理，严格合同评审程序，按要求对合同内容进行完善，保证企业利益。

（4）执行集团公司设备、配件招标采购管理办法要求，严禁拆解合同。

## 五、费用结算

**1. 廉政风险**

廉政风险包括：费用结算依据签字不全；租赁设备签认随意，台班签认不准确，存在多签情况；超出租赁限价，未履行例外审批手续；租赁结算依据不全，部门之间统计结算金额不一致等。

**▶ 典型案例 17：结算签认不齐全**

×× 项目一二工区自 2009 年 3 月至 2012 年 10 月抽查发现，共 58 笔结算单未有乙方签字，仅有工区领导和部门负责人签字。如

2009 年 3 月 10 日任 ×× 结算单、2011 年 9 月 21 日徐 ×× 挖掘机结算单等；部分结算单工区领导未签字，如 2009 年 7 月 5 日徐 ×× 挖掘机结算单，结算环节存在漏洞。

### ▶ 典型案例 18：租赁设备签认随意

×× 项目二工区临时租赁北京 ×× 公司装载机及出渣车，经查租赁签认单，其台班数量或租用时间多处涂改，每月都在按时计价的情况下，大量出现以前月份的签认单，其签认随意，累计签认装载机 236 个台班和出渣车 36 个台班。

### ▶ 典型案例 19：结算单位与发票名称不符

×× 工区存在结算单位与发票名称不符现象。如 2013 年 8 月银付 2 号代付盾构工区租赁费 34.55 万元，结算单位为成都 ×× 公司，发票单位为安徽 ×× 公司。2009 年 8 月现付 7 号凭证付机械租赁费 6000 元，结算单位为北京 ×× 公司，而发票单位为北京 ×× 科技公司。

### ▶ 典型案例 20：超合同计价

2013 年 1 月指挥部与 ×× 公司签订《非标设备设计加工制造合同》，合同约定在现场加工模板台车 22 台，单价 3000 元 / 吨，加工所需的工字钢、圆钢等主材由甲方现场提供；2013 年 5 月签订合同定制台车 3 台，每台 8300 元 / 吨。经核实，实际加工模板台车 27.5 台，其中：定制台车 4 台、加工模板台车 23.5 台，属超合同计价 2.5 台，价款 75 万元。

### ▶ 典型案例 21：超合同单价结算租赁费

×× 项目经理部在 2012 年至 2013 年期间，分别与 ××、×××、江西 ×× 公司签订了月租、零星租赁的合同。经统计租赁合同结算情况，发现 ××（月租）、×××、江西 ×× 公司，分别超合同单价结算租赁费 3.93 万元、0.18 万元和 1 万元，合计 5.11 万元。针对租赁合同结算单价调增事项，设备部门仅经口头请示，未能取得上级书面审批资料。

### ▶ 典型案例 22：无依据结算

×× 指挥部与 ×× 公司委外工程验工计价单发现，存在无依据结算 53 万元，如制作台架轮子及轮架 48 套，每台套 0.38 万元，合计金额 18.24 万元；制作竖向油缸、侧向油缸 8.89 万元等，双方未签订合同，也未约定结算单价，仅根据双方协商单价执行，属结算无依据。

### ▶ 典型案例 23：无依据结算租赁费

2009 年 5 月至 2012 年 10 月，×× 项目经理部租赁结算凭据，累计发现 40 笔租赁结算单，主管部门未能提供租赁合同，涉及金额 81 万元，如：王 ×× 自卸车 1 辆、张 ×× 时风三轮车 4 辆与 8 吨汽车吊 2 辆等。

### ▶ 典型案例 24：超限价结算无例外审批

2014 年 11 月 1 日，×× 指挥部与成都 ×× 咨询公司签订 $9m^3$ 混凝土输送车租赁合同 7 台，租赁单价 28.5 元 /$m^3$，累计计价 126.25 万元。根据《关于公布 2014 年主要施工设备租赁限价的通知》的规定，西南地区租赁 8—$10m^3$ 最高限价 20 元 /$m^3$，租赁单价高于限价 8.5 元 /m$^3$，超租赁限价金额 37.65 万元，无上报公司例外事件报告。

### ▶ 典型案例 25：多计设备进出场费

××项目三工区租赁白××挖掘机，2016 年 10 月临租 1 台挖掘机结算金额 4200 元，进出场费 1600 元，11 月结算金额 10000 元，进出场费 1000 元。根据合同条款约定，机械设备的进退场费用根据实际情况承担进退场运输，但不符合《关于发布××公司 2018 年主要施工机械租赁限价的通知》规定，设备租赁不应结算进出场费用 2600 元。

### ▶ 典型案例 26：合同约定与结算不一致

××项目五工区租赁挖掘机（型号：山河智能 80 型），租赁合同为 3 万元 / 月（含破碎、配置 2 名司机），税率为 3%，实际结算为 2.3 万元 / 月，存在合同纠纷风险；该挖掘机租赁合同于 2018 年 4 月又签订补充协议，单价变更为 2.9 万元 / 月，税率为 4.5%，税率取值错误。

### ▶ 典型案例 27：变通机械租赁结算

2013 年 7 月 11 日，××项目三工区与广州××租赁公司草签了《工程施工劳务机械资源配置协议》，负责 7、9 号线旋挖钻孔桩成桩施工，单价 1385 元 /m$^3$，金额 39.14 万元；双方协商先试钻三根桩后再协商单价与其签订正式合同，但此合同中乙方未能签字与盖章，实为无效合同。经核实，施工单位完成旋挖钻孔桩成桩 5 根桩和 11 号线 1 根桩（不入岩，单价 365 元 / 方），结算金额 83.25 万元，由于对后期施工的单价协商不成，要求协作方退场，公司合同部明确按公司规定无正式合同不结算并且要扣质保金，由于无法结算造成协作方不同意退场，为了确保工期，工区采用通过机械租赁形式结算，并上报公司设备部同意；2013 年 9 月 24 日，工区设备部编制了市场询价、设备申请等资料与 ×× 机械租赁公司签订设备租赁合同，编制结算单。由于前期未签订有效合同，无任何约束力，导致协作方质保金不能扣除，工区变通结算方式结算，不能真实反映施工现状。

**▶ 典型案例 28：无依据调增租赁单价**

×× 项目一工区存在大量签订补充协议的方式，对出租方进行调价。如：工区与深圳 ×× 公司签订主合同规定 200 型挖掘机 1700 元 / 台班，带破碎锤 2500 元 / 台班，补充协议分别调增至 1800 元 / 台班和 2600 元 / 台班；深圳 ×× 公司 25T 随车吊单价由原含税价 1400 元 / 台班，1500 元 / 台班，均调至 1550 元 / 台班。

**▶ 典型案例 29：设备租赁费用统计不一致**

×× 项目一工区存在设备部与财务部租赁台账不符，原始资料不齐等现象。资料显示，财务部提供台账金额为 497.7 万元，设备部台账金额为 538.55 万元，两部门相差 40.85 万元。经调查是因为设备部未能有效建立结算台账，结算不及时导致，设备部门租赁合同归档留存不全，未保存验工计价单，完全交由财务部保管租赁结算资料，缺少部门与部门间的监督。

**2. 防控措施**

（1）认真学习施工设备现场管理相关规定，严格履行结算审批程序，严禁签字不全的结算。

（2）要求台班签认人员提高签认的准确性，严禁虚签台班。

（3）按照合同约定进行结算，对于超限价情况，应说明原因，上报例外审批。

（4）部门之间加强沟通，定期核对结算数据，保持结算金额一致。

## 六、固定资产管理

### 1. 廉政风险

廉政风险包括：应列固定资产，未进行组资；固定资产账、账物不符，管理失职；报废处置手续不全，私自处置固定资产等。

**▶ 典型案例 30：违规列支固定资产**

××盾构工区小型设备共计 3063 万元，其中泥水分离系统、管片模具、砂浆运输车等应作为固定资产管理的设备 184 台套 2242 万元，项目经理部将其列入周转材料核算，违背集团公司财务有关规定。

**▶ 典型案例 31：小型设备账账不符**

××项目经理部设备部统计小型设备 37 台，财务部统计小型设备 29 台，数量相差 8 台。经对比设备台账登记明细，发现设备部台账上有 14 台设备未在财务部台账登记，财务部台账上有 6 台设备未在设备部台账上登记，实际账账不符 20 台，设备原值金额 53.96 万元。设备台账部门间对账不及时，账账不符。

**▶ 典型案例 32：资产报废处置手续不全**

××盾构工区报废小型设备 32 台套，已上报审批的有 15 台套，17 台套未经审批。暗挖工区未能提供采购小型设备的审批文件，也不能提供报废处置小型设备资料，经统计共采购小型设备 65 万元。

**▶ 典型案例 33：二手设备未组资**

×× 项目回购 52 台小型设备价值为 41.46 万元，回购 35 台设备价值为 320.08 万元，共计 361.54 万元。但是该项目并未按资产管理程序管理和核算，形成账外账，在追查资产去向时，项目提供的部分资产报废资料不实，调拨资料缺失，不能明确资产去向，形成经济损失 361.54 万元。

**▶ 典型案例 34：设备无手续调拨**

×× 项目接收一批二手设备未按要求履行组资手续。项目结束后，在无调拨通知情况下，该项目将设备调拨到其他项目，致使该批固定资产不易追溯。

**2. 防控措施**

（1）认真学习固定资产管理相关规定，严格按照固定资产管理办法要求执行，加强对管理程序执行情况检查。

（2）按照管理规定，应组资的施工设备，及时上报组资。

（3）定期对设备盘点及部门之间对账，使账账、账物相符。

（4）严格履行资产报废审批程序，妥善保存相关资料。

（5）二手设备、回购设备严格按照集团公司固定资产管理规定进行组资，避免形成账外资产。

# 第七章

# 成本管理过程中容易发生的廉政风险及防控措施

施工企业作为以营利为目的经济实体，要实现健康持续的生存发展，就必须不断承揽项目，并保证项目效益合理最大化。而要实现项目效益最大化，各系统员工就必须围绕这一核心，创新管理手段、完善制度措施，有担当、有作为地切实履行职责，严控“跑冒滴漏”，努力“降本增效”。经过梳理、辨识，企业成本管理过程中的廉政风险归纳为 12 个方面，44 条，通过 28 个案例进剖析。

## 一、分包招标评审把关不严

### 1. 廉政风险

（1）标前未进行资质审查。

（2）分包工程投标文件审查不严。

（3）无效标书中标。

（4）分包单位资质与施工内容资质要求不一致。

（5）未按照招标文件要求开展招标工作。

（6）招标文件发售时间不足五日。

（7）未响应招标文件实质性要求。

（8）投标文件直接作废而最终中标。

**▶ 典型案例 1：标前未对投标单位进行资质审查**

×× 公司 ×× 项目，工程分包招标前均没有对投标单位进行资格审查，导致无法确认参与投标单位的资质、经营范围、注册资本是否满足拟分包工程的要求。招标文件中的评标办法没有针对各项评分标准进行细化并明确具体的规则说明，招标开标记录及评标小组评分汇总表中，对于投标单位的综合能力评审一项，项目评标小组成员仅凭“印象”打分。

### ▶ 典型案例 2：招标时间不符合逻辑

××公司××铁路项目临建工程进行招标，项目的立项报告及招标文件尚未得到公司评审批复，但该项目已经提前发出了招标文件。调查显示，分包工程立项报告及招标文件评审公司批复时间为 2015 年 12 月 24 日，招标文件发出时间为 2015 年 12 月 16 日，项目招标时间明显早于项目立项报告和招标文件评审批复时间。

### ▶ 典型案例 3：投标文件审查不严

××铁路项目××分部，超前大管棚、×××大桥、××隧道出渣三项分包工程招标，在项目经理部未统一封面的情况下，投标单位提供的投标文件封面一致，“近五年内已完工程业绩表”等个性化内容完全相同。

### ▶ 典型案例 4：无效标书中标

××铁路项目，横洞及正洞隧道出渣运输工程和隧道开挖初支工程两家招标中标人的投标文件中组织机构、拟投入管理人员、拟投入设备、拟投入劳动力、近五年业绩表格全为空表，属于无效投标书。

### ▶ 典型案例 5：未按照招标文件要求开展招标工作

××项目劳务分包招标违规：1. 项目搅拌桩工程劳务分包招标文件规定“投标人在获得招标文件之前，应提交不少于 2 万元的投标保证金”，实际参与投标的三家投标人均未缴纳投标保证金；2. 招标文件约定选择 1 家分包队伍，实际评标过程中项目在 4 家投标人中选择了 2 家作为中标人。

**2. 防控措施**

（1）相关系统部门定期组织项目经理部层级开展业务知识培训、制度文件宣贯等活动，逐步提高业务人员的专业水平及职业素质。

（2）提高分包策划的准确性，分包报告的超前性，后台审批的时效性。

（3）监督部门及时做好现场开评标监督工作。

（4）坚持严格责任追究制度不放松。

（5）公司定期或不定期组织开展分包管理检查，对分包招标内业资料进行分析，反推分包招标业务是否有序开展。

## 二、未严格执行准入制度

**1. 廉政风险**

（1）准入证资审不严格。

（2）使用未办理分包企业准入证书的单位。

（3）两家分包企业同时对同一个现场负责人授权。

（4）未对已准入分包企业及时进行年审。

**▶ 典型案例 6：选用未办理准入证书的分包单位**

×× 公司被随机抽查的 8 个项目，均存在选用未办理准入证书的分包企业的情况，如 ×× 创新园项目，13 家分包单位中仅 3 家办理了准入证；×× 铁路项目二工区，14 家分包单位中仅 4 家办理了准入证。该公司严重违反公司管理制度，存在重大履约风险。

**▶ 典型案例 7：两家分包单位同时对一个履约代理人进行授权**

××地铁项目2号线1标：××劳务有限公司、××劳务有限公司为同一个分包负责人授权；××地铁项目3号线9标：××建筑工程有限公司、××建筑工程有限公司为同一个分包负责人授权，均不符合集团分包管理办法要求。本案例深刻反映出项目及子分公司准入证书经办人员缺乏合规意识，对公司管理制度熟悉程度不够。

**2. 防控措施**

（1）在对分包单位基本信息把关的基础上，重点强化对经营业绩、履约能力等方面审查，杜绝引入履约能力不足的队伍。

（2）严格遵守分包准入管理制度，规范过程管控，规避类似问题再次发生。

（3）各子、分公司充分共享分包队伍信息平台，缩短队伍前期考评周期。

## 三、分包队伍先进场后签合同

**1. 廉政风险**

（1）未进行中标公示，未签订合同，直接进场施工。

（2）分包验工计价日期早于合同签订日期。

（3）合同评审日期晚于合同签订日期。

（4）先进场施工，后补办准入证。

**▶ 典型案例 8：先签订合同，后进行合同评审**

××铁路项目××分部，与××劳务有限公司签订的工区村道便桥加固工程分包合同，合同签订时间 2014 年 7 月 28 日，末次结算时间 2014 年 10 月 10 日，合同评审时间 2014 年 11 月 21 日。

**▶ 典型案例 9：先进行验工计价，后补充签订合同**

××市域铁路××标项目经理部，混凝土灌注桩工程劳务分包补充协议，签订日期为 2016 年 12 月 23 日，施工日志记录：施工开始日期为 2016 年 12 月 7 日，第 3 期验工计价日期为 2016 年 11 月 26 日。

**▶ 典型案例 10：先进场施工，后补办准入证、签订合同**

经查询××市政项目内业资料发现，××临建工程合同签订日期为 2015 年 4 月 15 日，准入证批准日期为 2015 年 3 月 20 日，工程部施工资料显示实际开始施工日期 2015 年 2 月 10 日。管理行为属于未办理准入手续的分包企业，先进场施工，后补办准入证，后补充签订合同。

**2. 防控措施**

（1）从分包策划、分包价格、分包方选择、分包合同签订到分包结算严格执行后台集中审批，对项目分包管理和结算支付有效卡控，防范“无准入证进场施工”“先进场后签合同”“私自签订补充合同”等违规操作。

（2）各子分公司督促各项目进行定期自查，加强过程管控，及时通报存在的问题并要求限时整改。

## 四、未足额缴纳履约保证金、投标保证金

### 1. 廉政风险

（1）履约保证金金额随意设置，不符合公司文件规定比例。

（2）未（足额）收取履约保证金。

（3）未（足额）收取投标保证金。

**▶ 典型案例 11：不按文件规定收取履约保证金**

××公司××地铁、××铁路、××高速公路、××市政项目分别与××渣土运输有限公司、××渣土运输公司、××爆破工程公司等7支分包队伍签订分包合同，按照公司规定，应缴纳履约保证金782万元，实际缴纳284万元；分别与××工程劳务有限公司、××建设工程有限公司等33支分包队伍签订分包合同，按照公司规定，应缴纳履约保证金1938万元，实际均未缴纳。

**▶ 典型案例 12：公司未严格执行保证金制度**

（1）××地铁项目：参与车站主体投标及土石方工程投标的6家单位均未缴纳投标保证金；驻地临建工程、降水井工程、旋挖灌注桩工程3个合同的补充协议均未缴纳履约保证金。

（2）××地铁项目××站驻地临建及装修工程补充合同未缴纳履约保证金。

（3）××地铁项目经理部临建装修工程分包合同未缴纳履约保证金。

**2. 防控措施**

（1）主责单位或部门做好招标文件与分包合同的交底，使相关业务部门了解本部门要履行的职责。主责部门要发挥牵头作用，督促相关部门严格执行履约保证金制度，规避履约风险。

（2）加强对项目经理部履约保证金缴纳情况检查和考核，严肃责任追究。

## 五、分包单价超公司限价

**1. 廉政风险**

（1）分包单价未经批准超过公司事先批复单价。

（2）分包单价超公司限价。

**▶ 典型案例 13：分包单价高于公司批复单价**

××地铁项目××站土石方开挖、运输、围护结构专业分包工程，公司批复："锚索分包单价控制在 200 元 /m 范围内"，项目与分包方实际签订的分包合同中锚索单价为 268 元 /m，最新的计价资料显示锚索累计计量 1856m，单价为 268 元 /m。

**▶ 典型案例 14：分包单价超公司限价**

××地铁项目车站路面恢复合同：破除路面公司限价 29.63 元，项目分包单价 35 元……多项存在劳务分包单价超公司限价情况，且没有超限价说明。

**2. 防控措施**

（1）严格执行集团公司分包指导价文件及各子分公司分包限价规定。

（2）对于分包工程超限价部分，在确保符合市场要求的情况下，完善例外事件的报批。

## 六、未进行招标引进分包队伍

**1. 廉政风险**

（1）未进行招标引进分包队伍。

（2）未办理准入证的分包队伍通过例外事项报告的形式规避分包招标。

**▶ 典型案例 15：未进行招标引进分包队伍**

××公司××铁路项目，分包台账显示的16份临建工程分包合同，合同总价5438.83万元，均没有进行招标引进分包队伍。

2. 防控措施

（1）坚持严格责任追究制度不放松。

（2）各子分公司督促各项目进行定期自查，加强过程管控，及时通报存在的问题并要求限时整改。

（3）提高分包管理风险意识，提升文件执行力。

## 七、未严格执行主材节超考核制度

**1. 廉政风险**

（1）主材节超考核不连续，随机性较大。

（2）材料款应扣未扣。

（3）材料款应扣少扣。

### ▶ 典型案例 16：未严格执行工程分包主材节超考核

（1）×× 地铁 ×× 站机械成孔灌注桩工程：仅前 3 期计价中进行了主材节超考核；冠梁、支撑梁、挡墙、环框梁工程：仅在第 4 期和第 7 期计价中进行了主材节超考核；车站主体结构、附属结构及防水工程未进行主材节超考核。

（2）×× 地铁 ×× 站旋挖钻孔桩工程，分包计价表中无主材节超考核一栏。依据项目提供的“分包队伍材料考核计算表”考核结果，核实开累的计价数量与材料考核中的定额量不一致（钢筋笼累计计价 363.36 吨，但 3 期材料考核中定额量仅 133.12 吨；桩累计计价米数换算砼后 3961 立方米，但 3 期材料考核中定额量仅 1367.66 立方米）。

### ▶ 典型案例 17：材料款应扣未扣

×× 高速公路项目：3 家隧道开挖劳务分包队伍均未按合同约定进行材料扣款（二三项材料、火工品等），依据项目内业资料，3 家分包队伍领用材料应扣款金额为 5437205.09 元，均未按照公司规定进行材料款扣除。

### ▶ 典型案例 18：材料款应扣少扣

×× 地铁项目 ×× 分包合同约定：“炸药、雷管、导爆索由甲方供应，乙方包干使用，同时在工程量清单备注栏也约定甲方提供爆破器材，费用由乙方承担”等相关条款，但对分包队伍第 5 期验工计价（末次结算）存在乳化炸药扣款错误的情况，目录价（工地价）为 10680 元 / 吨，而清算价（扣款单价）为 9630.62 元 / 吨，数量为 3.48 吨，少扣 3651.84 元。

**2. 防控措施**

（1）项目分管领导要组织工经部牵头对相关部门、工区主任及业务负责人进行交底，加强项目过程监管，严肃责任追究。

（2）提升项目经理部管理层对主材节超考核制度执行意识，提高重视程度。

（3）多部门联合审签每期分包计价，实现相互监督，查漏补缺。

## 八、未及时处理不合格分包队伍

**1. 廉政风险**

（1）未及时处理不合格分包队伍。

（2）出现不合格分包队伍，不及时上报。

（3）未及时处理上级公司最新发布的不合格分包企业名录。

**▶ 典型案例 19：未及时上报不合格分包队伍**

××地铁项目 1 标：××机械施工有限公司在合同执行过程中，多次违反合同约定，出现要求调价、私自停工、堵门等情况，且项目经理部建议此后不再录用此分包队伍。然而查询上级公司发布的本年度不合格分包单位名录，得知子分公司和项目经理部均未及时将此单位上报。

**▶ 典型案例 20：允许不合格分包队伍承揽分包工程**

××公司任由基层项目使用上级公司发布的不合格分包队伍，导致项目管理过程中出现分包工程质量、进度、安全不可控状态，增加分包队伍清退费用，对公司造成巨大损失。

**2. 防控措施**

（1）实时更新不合格分包企业名录，及时清理不合格分包队伍。

（2）实时监督项目参建分包企业资金、劳务等资源状况，提升风险意识。

## 九、分包工程超合同结算、超合同付款

**1. 廉政风险**

（1）分包工程超合同结算。

（2）分包工程超合同付款。

（3）超计价未及时签订补充合同。

**▶ 典型案例 21：分包工程超合同结算**

××地铁项目经理部与××装饰公司签订的临建工程合同，合同金额为 156.91 万元，补充合同 1 份，金额为 162.8 万元，共计 319.71 万元，而该项目临建工程结算金额为 627.7 万元（第 9 期期中验工）。

**▶ 典型案例 22：分包工程超合同付款，存在项目利益流失风险**

××项目分包超付款：项目经理部与××铁路工程有限公司于 2010 年 10 月 15 日签订了合同，截至 2016 年 11 月 24 日，该分包工程累计计价金额为 3852 万元，应支付工程款 3475 万元，实际支付工程款 4209 万元，超付工程款 734 万元。

**▶ 典型案例 23：超计价未及时签订补充合同**

（1）××铁路项目××分部，××劳务有限公司同时承揽

××桥梁涵洞工程（合同价款323万元，已计价344万元）、××隧道二衬工程（合同价款195万元，已计价273万元）；

（2）××建筑有限公司同时承揽××隧道出口开挖支护工程（合同价款1050万元，已计价1172万元）、××隧道出口二衬工程（合同价款295万元，已计价363万元），截至目前4份合同均未办理结算，超合同计价部分也未签订补充合同。

**2. 防控措施**

（1）完善内控管理体系，充分利用成本信息管理系统平台，实现后台支付管控。

（2）严肃对待验工计价与资金拨付同步的重要性，有效规避项目利益流失和诉讼风险。

（3）从分包策划、分包价格、分包方选择、分包合同签订到分包结算严格执行后台集中审批。

## 十、未及时办理分包结算

**1. 廉政风险**

（1）分包队伍中途退场，未及时办理结算及封账协议。

（2）分包工程内容均已完成，未及时办理结算。

（3）分包遗留问题久拖不结，无法及时办理结算。

**▶ 典型案例24：未及时办理分包结算**

（1）××铁路项目隧道专业分包合同：办理结算时只有工程结算协议，其中自发电、停工补偿均无签认资料；另本项目19号分包合同内容已完成，但未办理结算；3号分包合同的结算协议、封账协议、承诺书签字盖章手续不全；2号分包合同未办理结算且计价金额已超过合同金额与补充合同的总额，未及时签订补充合同。

（2）××铁路项目由于施工进度不正常，隧道洞渣运输队伍及砂石料加工队伍前期存在亏损，后续也无法按照合同单价执行，经项目经理部会议集体讨论，同意接受两家分包单位退场申请，并计划回购分包队伍部分设备，以补偿分包方的临建投入、设备进出场费及安装费。但项目部一直未完善相关手续，未对分包方办理结算，为公司埋下潜在的维稳风险。

**2. 防控措施**

（1）结合项目经理部资金情况，做好分包企业安抚工作，验工要及时、准确，计价要严格执行合同价格，严格执行分包结算支付规定。

（2）过程中定期准确掌握分包单位投入资源及价格情况，并对其履约状态进行评估，出现不稳定因素时，及时采取措施。

（3）出现中途退场及完工退场结算的情况，通过流程或者其他方式反馈至各子分公司，多重审批，多方聚力，督促分包工程尽快完结。

## 十一、亏损项目治理工作落实不到位

**1. 廉政风险**

（1）缺陷整治项目的责任划分不合理，未对分包单位进行相应扣款。

（2）对亏损项目治理工作重视程度不够，未形成常态化机制。

（3）奖罚措施不能完全落实，只停留在纸面上。

（4）未就亏损项目制定针对性的扭亏措施。

（5）未严格执行公司文件，对满足条件的新开工项目制订亏损治理方案。

（6）亏损项目的亏损额进一步增加，无相应亏损治理验证资料，且未进行考核。

**▶ 典型案例25：未严格执行亏损项目治理奖罚考核制度**

（1）截至2017年第二季度，××铁路工程项目成本亏损9853.32万元，根据公司文件《亏损项目治理工作专项考核办法》相关规定，项目部应制订亏损治理方案，但实际上项目经理部未按要求制订减亏工作方案且未对各分部治亏效果考核。

（2）截至2017年第二季度，××市政项目成本亏损801.16万元，根据公司文件《亏损项目治理工作专项考核办法》相关规定，应制订亏损治理方案，但实际上项目部未按要求制订减亏工作方案及对各分部治亏效果考核。

**▶ 典型案例26：未对亏损项目制定针对性的扭亏措施**

（1）××公司对亏损治理工作重视程度不够，未形成常态化机制，工程项目经济效益流失，企业资产质量、效益水平降低；未按照公司文件《亏损项目治理工作专项考核办法》要求制定专项考核办法，无扭亏增盈奖罚机制；未对所属亏损项目治理完成情况进行考核奖罚；未按照公司规定的“杜绝新亏，长效治亏”原则，对满足条件的新开工项目制订亏损治理方案。

（2）在治亏工作中，××公司发布了治理亏损项目工作方案，没有公司治理亏损项目专题会议记录，未制定治理亏损项目工作考核奖罚办法，未能在全年四季度连续开展治亏考核工作。如××轨道交通项目：合同价61733万元，截至2017年3月开累计价46676万元，项目责任成本亏损3××万元、工程成本亏损4××万元。目前作为赢利点的车站施工主体结构已完成，剩余区间盾构施工基本为亏损点（盾构租赁价及配件费用高）；项目二次经营上报变更14项、计4673.49万元，批复6项目、计2604.8万元。项目未针对剩余工程量及二次经营策划制定具体扭亏措施。

**▶ 典型案例27：未实现压降目标，亏损额增加，缺资料支持及考核**

制定了压降目标的××公路项目、××地铁项目成本亏损金额分别增加了×75.83万元、×34.6万元，但当年度第一季度、第四季度两个节点时间均无相应的亏损治理验证资料，也未实施考核。

### 2. 防控措施

（1）全面分析形成项目亏损的原因，分门别类进行梳理，由相关主责部门对症下药。

（2）强调全员参与，调动广大员工的积极性，努力营造“创效光荣、亏损可耻”的项目管理氛围。

（3）有效控制项目施工成本，实现项目减亏增盈。

## 十二、成本信息管理系统使用不规范

### 1. 廉政风险

（1）成本管理信息系统V2.0审批流程不畅，部分业务流程超过30日未进行审批。

（2）存在部分无效流程，逾期未处理。

（3）部分项目以现金、备用金、内部往来等方式绕开信息管理系统违规支付等各种形式的不规范操作。

**▶ 典型案例 28：系统审批流程不畅**

经抽查，××公司 2016 年度成本管理系统 V2.0 信息平台中项目发起的流程有 1535 条逾期未处理，为无效流程，且公司未对无效流程进行处理。

**2. 防控措施**

（1）各相关部门优化成本管理系统，缩短审批流程周期，提高工作效率。

（2）推进公司各系统平台数据合并，尽快实现各系统单平台集中审批。

# 第八章

# 海外工程管理过程中容易发生的廉政风险及防控措施

在“一带一路”倡议影响下，越来越多的中国企业走出国门，开展海外工程承包、投资建设等经济活动，企业走出去的步伐不断加快，海外经营分公司、海外项目逐年增加，分布范围不断扩大，在获得收益的同时，管理的难度和廉政风险也越来越高。如何通过完善管理制度，加强地区监管、规范决策程序，加强海外项目廉政风险防控工作就显得更为重要。经过梳理、辨识、评价，海外工程管理过程廉政风险归纳为5个方面，15条，通过16个措施进行有效防控。

## 一、重大决策环节

### 1. 廉政风险

（1）海外工程管理机构远离企业总部，加上不同国别文化上的差异，无形中加大了项目监管难度，只能依靠项目现场管理团队职业修养进行监管，极易产生违规行为。

（2）部分海外分支机构人员较少，部分人员组织观念、纪律意识淡薄、自我约束能力不强。

（3）不能严格执行项目“三重一大”集体决策制度和重大事项报告制度，违反规定擅自决策、滥用权力，私自对外承诺、未经批准办理业务、未经相关评审程序进行投标、对外签署合同等，极易滋生腐败，给企业带来重大损失。

### 2. 防控措施

（1）要建立健全海外项目干部选拔任用和管理监督机制，对拟提职人员严格考察程序；相关党政组织要对拟提职人员廉洁从业情况层层把关，纪检监察组织要签字背书，做到提职先过廉洁关，以廉选人，确保领导干部的廉洁素质。

（2）加强海外项目负责人和关键岗位人员职责、职业道德、法纪法规的教育引导，新上项目落实开工必开廉政课，强化警示教育，给所有人员划出底线、红线，通过各种方式筑牢海外工作人员的思想防火墙；建立境内外员工定期轮岗交流制度，逐步培养国际化项目管理人才队伍。

（3）不断加强监督检查，强化政治巡察，强化监督执纪问责，整合监督资源、发挥监督合力等；健全民主决策机制，完善民主决策程序，规范领导干部的用权行为，有效促进领导班子成员廉洁从业。

## 二、资金管理环节

### 1. 廉政风险

（1）为应对海外项目突发情况，通常都会储备额度不小的现金，大额现金的存在，会给个别缺乏职业操守、法律意识淡薄的财会等人员以可乘之机，将公款挪作私用，引发不廉洁行为。

（2）一些国别在外汇兑换方面，官方与黑市汇率差别较大，出于利益诱惑，可能存在将外汇现金在地下钱庄以较高的汇率兑换，再按官方汇率进行报销，个人获取好处。

（3）给分供方付款时，分供方为能及时收到款项，会有请吃请喝，甚至送礼的情况，如果相关管理人员廉洁意识不强，也可能出现违规行为。

### 2. 防控措施

（1）研判廉政风险点、风险环节，尤其是针对腐败指数较高的国家和地区，加强审计和再监督工作。

（2）建立海外项目风险内控管理体系，适时完善权力制衡机制，避免出现权力过度集中的情况，费用报销严格采取党政会签制度，通过“互联网 +”加强海外项目本部的评判和审核能力，强化资金使用过程的监管能力。

（3）规范会计处理，强化财务监管，通过集中财务核算，提高财务信息传递准确性、及时性、合规性，增强海外项目财务委派人员，规范重大项目财务委派标准，改进定期财务检查制度，防范潜在廉政风险的发生。

## 三、经营中介环节

**1. 廉政风险**

（1）多数海外经营通过代理或中介，在代理或中介选用方面，由于各国文化理念不同，代理商情况不同可能会存在选用标准不够明确、代理相关信息缺失，代理佣金计提和支付依据不充分等情况。

（2）谨防与代理或中介服务机构勾结，损害企业利益，造成经济损失，谋取个人利益等情况。

（3）谨防在签署经营相关协议后向代理或中介服务机构索取货币性或实物性利益等情况。

**2. 防控措施**

（1）按程序评审选择代理机构、核定代理费，严控经营关键环节，强化对代理资质审核，调查了解代理的社交关系、商务能力、社会背景和信誉，选择代理时将诚实守信放在第一位，经过多方考察选择满足商务要求的代理。

（2）强化代理协议审批管理，规范与代理的谈判管理，明确双方的责任和授权范围，合理规定代理服务费比例和支付方式，草拟和审批职权相分离，防范少数人违规谋取利益。

（3）按照项目所在国别咨询服务要求，强化代理服务费支付的过程监控，规范支付流程，严审支持材料，严控支付渠道，确保规范操作，同时完善群众监督机制。

## 四、设备物资采购环节

### 1. 廉政风险

（1）少数海外项目采购需求计划缺乏预见性和严肃性，临时性和应急性，采购制度和程序不够科学严谨，采购过程缺乏相互制衡机制。

（2）部分海外项目对供应商管理不科学，评价机制不完善，没有形成优胜劣汰的竞争机制。

（3）有的国别由于受当地市场的特殊性、部分机械设备使用的专一性和不可替代性等因素限制，采购工作难以实施公开招标，多采用邀请招标或竞争性谈判等形式，可能产生“暗箱操作”，引发违法犯罪等问题。

### 2. 防控措施

（1）持续改进设备物资管理制度，规范招标流程，严把关键设备、材料质量关，坚决抵制违规插手工程建设和设备物资采购的行为。

（2）落实“两个责任”，发挥“一岗双责”作用，针对物资和设备的采购、租赁管理等开展监督再监督工作，以保证运行机制和操作程序合规。

（3）运用科技手段，将海外项目所用设备物资管理信息化、模块化、流程化、科学化，积极探索实行大数据管理，强化后台监督，坚决遏制苗头性和倾向性问题。

## 五、分包管理环节

**1. 廉政风险**

（1）海外项目分包环节较多，受所在国别条件限制，有的分包资源缺乏、有的不能按规定进行招标。

（2）因对市场情况的不熟悉，受时间的制约，有的市场调查不充分、有的合同评审不到位，分供方选择过程易出现违规行为或单价过高情况。

（3）由于管理人员对项目所在国相关要求不熟悉，加上一些环节把关不严，审核程序不全，易造成对分包商的管理不到位造成超验、超付等问题。

**2. 防控措施**

（1）围绕海外工程项目分包计划、流程、招标管理、供应商管理、评审专家管理等制定相应管理制度。

（2）严格审查分供方资质等业绩，确保分供方的工程技术能力充分满足工程建设要求。

（3）在采购分包招投标和分供方管理中引入廉洁诚信机制，要求投标方和分包方提供廉洁承诺书，对违反廉洁承诺的要诉讼法律。

（4）对在商务合作中发生过问题或产生损失的分包商及时列入黑名单，供企业系统部门在本国别区域内管理项目时参考，原则上禁止与其合作。

# 第九章
# 企业党风廉政建设禁令及负面清单

## 一、企业党风廉政建设禁令

（1）严禁违反“三重一大”决策制度，个人专权擅断企业重大事项。

（2）严禁违反财经纪律设立“小金库”。

（3）严禁违反组织程序和规定选人用人。

（4）严禁以权谋私与外协队伍、供应商等搞利益输送。

（5）严禁转包、违法分包、违规分包、以包代管。

（6）严禁不作为、乱作为，失职渎职造成项目巨额亏损。

（7）严禁违规公款消费、参与高消费娱乐健身活动。

（8）严禁违反履职待遇和业务支出相关规定，超标准职务消费。

（9）严禁滥发各类津贴、补贴、奖金和实物，违反规定领取年薪外收入。

（10）严禁以各种名义恶意损害职工群众利益。

## 二、企业党风廉政建设负面清单

### 1.“三重一大”制度负面清单

（1）个人或少数人专断。

（2）没有经过充分论证和听取各方面意见，盲目决策。

（3）在决策前对相关议题和内容跑风漏气。

（4）临时动议未列入议题事项。

（5）在未达到规定的应到会议人员时进行决策。

（6）存在严重分歧时进行决策。

（7）个人擅自改变集体决策。

（8）在执行决策时无故推诿和拖延。

（9）因特殊原因，未经集体讨论决定而个人决策，事后不报告。

（10）提供虚假信息而造成决策失误。

**2. 选人用人制度负面清单**

（1）讨论决定时，没有按规定进行民主推荐、组织考察、核实清楚有关问题、向上级报告或报告后未经批复同意的干部任免事项提交上会。

（2）以个别征求意见、领导圈阅、其他会议等形式代替党委会集体讨论。

（3）纪委未履行“签字背书”上会。

（4）纪委书记未参与初始酝酿上会。

（5）超职数、超职名、超规格配备干部，因人设岗、任人唯亲。

（6）采取不正当手段为本人或他人谋取职位。

（7）临时动议。

（8）私自泄露干部任免的有关情况。

（9）在干部考察工作中隐瞒或者歪曲事实真相。

（10）在民主推荐、民主测评、组织考察和选举中搞拉票等非组织活动。

（11）违规干预下级或原任职单位干部选拔任用工作。

（12）在工作调动、机构变动时，突击提拔和调整干部。

（13）在干部选拔任用工作中封官许愿，任人唯亲，营私舞弊。

（14）不执行回避制度。与领导干部有夫妻关系、直系血亲关系以及儿女姻亲关系的干部，担任其直接分管部门的领导职务；担任其所在单位的办公室、干部（组织）、劳动人事、财务、监察、审计、纪检部门的负责人。

（15）涂改干部档案，或者在干部身份、年龄、党龄、学历、经历等方面弄虚作假。

（16）提拔处分期、纪律审查期内的干部。

**3. 公务用车管理负面清单**

（1）无购置审批计划、超核定指标数量、超规格标准配备（租用）公务用车。

（2）公车私用、私车公养，私自外借或长期占用利益相关方车辆。

（3）采取向所属单位和相关单位调换、转嫁费用等任何方式配备公务用车。

（4）违反用途使用公车，将公车变为个人专车。

（5）车辆运行、保养和维修费用报销超预算标准或以货币方式发放给个人。

（6）外单位人员报销公务用车的日常费用、维修费用。

（7）挂靠个人购买公务用车。

（8）集团公司企业负责人及所属各单位负责人配备固定车辆。

（9）私自购买车辆、业主奖励车辆不按资产管理。

（10）违规处置公务车。

（11）套取资金购买车辆。

（12）租用职工及亲属车辆。

**4. 办公用房负面清单**

（1）违规购置、租赁、装修、改造办公用房。

（2）办公用房超标。

（3）未经审批，一人多地配置办公用房。

（4）长期租用宾馆作为企业负责人办公住宿用房。

（5）公款支付应由个人承担的费用，如水、电、燃气、网络、有线电视、车位费用等。

（6）调离、退休后不腾退办公用房和宿舍。

（7）提供虚假证明，多次享受福利分房。

（8）违规占用单位住房。

**5. 公务接待负面清单**

（1）违反规定到风景名胜区举办会议和活动，组织旅游。

（2）将休假、探亲、旅游等纳入公务接待范围。

（3）超标准安排接待住房。

（4）提供香烟和高档酒水，使用高档娱乐健身场所、私人会所、高消费餐饮场所。

（5）赠送礼金、有价证券、贵重物品等。

（6）用公款报销、支付应由个人负担的费用。

（7）在接待费中列支应当由接待对象承担的差旅、会议、培训等费用。

（8）以举办会议、培训等为名列支、转移、隐匿接待费用。

（9）向下级单位及其他单位、个人转嫁接待费用。

（10）在非税收入中坐支接待费用，借公务接待名义列支其他支出。

（11）内部接待组织迎送活动，张贴悬挂欢迎标语，铺设迎宾地毯，层层多人陪同。

**6. 财务管控负面清单**

（1）超限额借支备用金、大额现金冲抵备用金、备用金长期挂账。

（2）私设“小金库”。

（3）大额、连号发票报销接待用

品、餐费，大额连号发票拆分多人、多次报销。

（4）超标准报销电话费用等。

（5）接待用品点收领用手续不全、财务报销发票单价和数量与实际管理台账不符。

（6）报销 KTV、按摩、洗浴、足浴、健身、高尔夫俱乐部、旅游景区等场所费用，报销香烟、高档酒水、购物卡、消费卡等费用。

（7）报销应由其他单位或个人承担的各种费用。

（8）报销违规乘坐飞机头等舱、公务舱、高铁商务座费用及五星级酒店住宿费。

（9）库存现金超过限额规定或超范围使用现金。

（10）未按规定履行党政会签手续拨付相关资金或办理资金支付。

（11）用白条抵库，公款私存，公款私用。

（12）以白条、假发票、不合规发票、开票信息不全或信息不符合要求的发票报销入账。

（13）无故拖欠员工工资、不按时缴纳社会保险费用、住房公积金。

**7. 婚丧喜庆负面清单**

（1）违背公序良俗和移风易俗原则，违反当地政府的有关规定。

（2）组织本人及直系亲属婚丧喜庆事宜，不按规定报备。

（3）超过当地正常消费水平大操大办、铺张浪费。

（4）同一事由分批次、分地点变相大操大办。

（5）利用职权或职务影响，收受礼金和礼品、有价证券、支付凭证等。

（6）违规使用公务车辆。

（7）影响正常公务活动、工作秩序和交通秩序。

（8）公款报销和变相报销应由个人承担的费用。

**8. 薪酬管理负面清单**

（1）提取和发放的工资超出上级核定的工资总额。

（2）未经核批或备案，自定、自调薪酬。

（3）巧立名目乱发奖金和津补贴。

（4）实行年薪制的单位负责人领取未经上级单位审批的年薪外收入。

（5）兼职取酬。

（6）未经上级批准在下属单位领取收入。

**9. 分包管理负面清单**

（1）转包、违法分包。

（2）集团公司各级干部私自干预子分公司正常分包管理或指定分包队伍参与施工。

（3）不按规定履行招标程序进行工程分包。

（4）工程分包招标不进行评标，由个人私自选定中标单位。

（5）不按规定或约定收缴履约保证金与中标单位签订分包合同。

（6）未经集体评审私自签订分包合同，与资质范围不符合要求的分包商签订分包合同。

（7）未经公司审批，超限价签订分包合同。

（8）未签合同先进场施工。

（9）不执行合同，超数量、超单价、超清单结算，未经审批与分包单位进行末次结算。

（10）超付工程款。

（11）未经子分公司审批，擅自签订补充协议。

（12）以包代管，对分包工程现场履约缺乏有效监管。

（13）与个人签订分包合同。

（14）未经集团公司批准同意，擅自使用集团公司项目经理部（含 A 类项目经理部）或工区公章与分包单位签订合同。

（15）接受分包队伍宴请、礼品、礼金及旅游安排等。

（16）个人为分包单位泄露企业秘密，或与分包单位内外勾结，损害企业利益。

（17）利用职权故意刁难分包队伍谋求私利。

**10. 物资管理负面清单**

（1）不招标采购物资。

（2）部分领导人员及有关业务人员介绍供应商。

（3）签订开口合同（无数量、无单价）。

（4）以紧急、临时供应为理由实施长期供应。

（5）单人验收材料、随意签收材料。

（6）不合格材料入库。

（7）集中签“发料单”。

（8）手续不完备支付资金。

（9）违规处理废旧物资、挪用废旧物资处理款私设“小金库”。

（10）接受供应商宴请、礼品、礼金及旅游安排等。

**11. 设备管理负面清单**

（1）违规不招标采购设备。

（2）违规干预设备招标采购。

（3）出现设备事故不进行追责。

（4）超限价设备数量超过总数量的 10%。

（5）无计划大修、项修，或没经审批的超计划大修、项修。

（6）随意处置报废设备。

（7）挪用报废设备处理费用私设“小金库”。

（8）领导干部参与或干预设备租赁。

（9）内部员工购买设备出租给本单位。

（10）接受设备供应商宴请、礼品、礼金及旅游安排等。

**12. 主体责任落实负面清单**

（1）不履行从严治党主体责任，党内组织生活涣散，“三会一课”形同虚设。

（2）不执行民主集中制、“三重一大”决策制度和“党政会签”制度，个人或少数人说了算。

（3）从严治党责任压力传导不到位，责任意识层层递减。

（4）不按规定进行党风廉政建设责任分工或分工不明确，分工调整不及时。

（5）不召开或不及时召开党风廉政和反腐败工作联席会议、党委办公会议，不研究或不及时研究党风廉政事项。

（6）不坚持“逢提必查，逢提必听”原则，不落实提拔领导干部廉洁从业情况“签字背书”制度。

（7）党组织履行主体责任意识不强，不主动执行和推动党风廉政建设工作。

（8）不开展或不按规定开展党风廉政建设谈话。

（9）党风廉政建设“一岗双责”履行不到位，“重业务工作，轻党风廉政建设”。

（10）本单位和部门多发、频发违反“中央八项规定”精神和“四风”问题。

**13. 监督责任落实负面清单**

（1）监督责任落实不到位，该发现的问题没有发现，发现问题不报告不处置、不整改不问责。

（2）党员领导干部履行“一岗双责”不到位，导致职责范围内的部门或工作人员存在苗头性、倾向性问题或发生违纪违规行为。

（3）党政会签的监督作用没有发挥到位，报销娱乐发票，买土特产，超标准接待等违反“八项规定”精神情况仍然存在。

（4）“三转”工作不彻底，闭门搞“三转”，自转他不转，转去又转回的问题。

（5）对“四风”问题处理上，停留在就事论事层面，没有深刻反省，举一反三，导致问题一犯再犯。

（6）滥用监督执纪职权，私存问题线索、搞选择性办案、滥用审查措施、干预下级纪委执纪审查、跑风漏气、抹案压案等行为。

（7）不严格执行监督执纪工作规则、纪委领导人员选拔任用暂行办法、信访举报、查办案件、案件审理等制度办法，造成权利滥用、权力寻租等违纪问题发生。

（8）不进行或不及时与同级党委班子成员进行沟通谈话，谈话没有记录。

（9）对新提拔领导干部不进行党风廉政情况签字背书，不按规定建立健全领导干部廉政档案“活页夹”。

（10）配合地方纪委、监察、司法、审计机关办案情况不在24小时内及时向上级纪委报告。

**14. 安全、质量、环保管理负面清单**

（1）发生安全质量事故未按规定时限和内容上报，迟报、瞒报、谎报等。

（2）在事故调查中不认真、走过场，调查报告原因不清、责任不明、无处理意见。

（3）未在时限内进行责任追究或从轻处理。

（4）未按照上级事故处理决定落实经济处罚或行政处分。

（5）事故责任追究未纳入员工绩效考核、职称评定、任职、晋升、评优评先。

**15. 外事管理负面清单**

（1）不按规定上交因私护照。

（2）未履行审查审批手续擅自出国（境）。

（3）安排照顾性和无实质内容的出访，赴国外出席无实质内容的庆典、开工仪式或内部慰问等活动。

（4）未按规定公示出国（境）团组情况或在公示公开工作中弄虚作假，徇私舞弊。

（5）绕道旅行，或以过境名义变相增加出访国家和在外停留时间。

（6）不遵守所在国法律，损害国家、企业形象；违反外事纪律，出入赌博、色情场所。

（7）变相出国公款旅游，安排与公务活动无关的娱乐活动。

（8）未经批准，对外提供内部文件和资料；在非保密场所谈论涉密事项；泄露国家、企业秘密。

（9）超标准乘坐交通工具及食宿。

（10）向下属单位或境外机构摊派、转嫁出国（境）费用。

（11）超标准接待。

# 附件

# 相关管理文件清单

1.《中国共产党章程》(2017 年)

2.《中国共产党廉洁自律准则》(2016 年)

3.《中国共产党纪律处分条例》(2018 年)

4.《中国共产党问责条例》(2016 年)

5.《中华人民共和国监察法》(2018 年)

6.《中国共产党党员领导干部廉洁从政若干准则》(2010 年)

7.《党政机关厉行节约反对浪费条例》(2013 年)

8.《党政机关国内公务接待管理规定》(2013 年)

9.《中央列出违反八项规定清单 80 条》(2018 年)

10.《关于在重大节日期间严明“十五个严禁”纪律要求的通知》(国资委纪检组 2018 年 4 月)

11. 关于进一步规范和加强公务接待管理工作的通知(中铁股份办发〔2015 年〕120 号)

12. 关于印发《中铁隧道局党委关于深入贯彻落实中央八项规定精神进一步加强作风建设的实施意见》的通知(隧党办〔2018 年〕40 号)

13. 关于印发《中铁隧道局集团有限公司党风廉政建设 10 条禁令及党风廉政建设正负面清单》的通知(隧党纪〔2017 年〕59 号)

14.《关于认真对照“四风”问题 10 种新表现开展自查自纠活动的通知》(隧党纪〔2018〕8 号)

15. 关于印发《中铁隧道局集团有限公司工程项目党风廉政建设实施办法(试行)》的通知(隧党纪〔2017〕61 号)

16. 关于印发《中铁隧道局集团有限公司所属各单位纪委(纪工委)履行监督责任考核评价实施办法(试行)》的通知(隧纪发〔2017〕

14号）

17. 关于加强境外项目党风廉政建设工作的通知（隧党纪〔2017〕83号）

18. 关于印发《工程项目辨识、评价控制廉政风险源管理办法》的通知（隧纪发〔2017〕22号）

19. 关于发布工程项目重要事项党政会签制度的通知（隧党纪〔2017〕147号）

20. 关于发布《中铁隧道局集团有限公司违规经营投资责任追究实施办法》（隧审计〔2019〕14号）

21. 关于印发《中铁隧道局集团有限公司贯彻落实“三重一大”决策制度实施办法》的通知（隧党办〔2018〕12号）

22. 关于印发《中铁隧道集团有限公司督查督办工作实施与考核办法》（隧党办〔2015〕107号）

23. 关于印发《中铁隧道集团有限公司公务用车管理办法》的通知（隧党办〔2017〕118号）

24. 关于发布《中铁隧道集团有限公司员工差旅费管理办法》的通知（隧财函〔2015〕58号）

25. 关于发布《中铁隧道集团有限公司员工差旅费管理补充办法》的通知（隧财函〔2016〕10号）

26. 关于印发《中铁隧道集团有限公司业务招待费管理实施细则》的通知（隧财函〔2014〕84号）

27. 关于发布《中铁隧道集团有限公司业务招待费管理补充规定》的通知（隧财函〔2016〕11号）

附件：廉政风险防控工作相关文件（查询相关政府或企业网站）

图书在版编目（CIP）数据

施工企业廉政风险防控教育读本 / 中铁隧道局集团主编. —北京：中国工人出版社，2019.7
ISBN 978-7-5008-7224-5

Ⅰ.①施… Ⅱ.①中… Ⅲ.①建筑施工企业—廉政建设—中国—学习参考资料
Ⅳ.①D630.9 ②F426.9

中国版本图书馆CIP数据核字（2019）第139573号

施工企业廉政风险防控教育读本

出 版 人　王娇萍
责任编辑　安　静　冀　卓
责任印制　栾征宇
出版发行　中国工人出版社
地　　址　北京市东城区鼓楼外大街45号　邮编：100120
网　　址　http://www.wp-china.com
电　　话　（010）62005043（总编室）
　　　　　（010）62005039（印制管理中心）
　　　　　（010）62382916（职工教育分社）
发行热线　（010）62005049　（010）62005042（传真）
经　　销　各地书店
印　　刷　北京美图印务有限公司
开　　本　710毫米×1000毫米　1/16
印　　张　10
字　　数　150千字
版　　次　2019年9月第1版　2019年9月第1次印刷
定　　价　32.00元